Jean-Paul Guedj

Service incompris !

Bref mais intense voyage
à l'intérieur de quelques services en France
avec un détour dans l'empire du Soleil levant :
impressions intimes dont « le sentiment d'être chose »
et modeste esquisse d'une critique constructive

Pour un retour du client

Éditions
d'Organisation

Service incompris !

Éditions d'Organisation
Groupe Eyrolles
61, bd Saint-Germain
75240 Paris cedex 05

www.editions-organisation.com
www.editions-eyrolles.com

Ouvrages de Jean-Paul Guedj

Gérer le temps, Éditions JPG CONSEIL, 2000.
Formation de formateurs (ouvrage collectif), Éditions JPG CONSEIL, 1994.
50 fiches de communication, Bréal, 2002.
Çà et là, Les éditions de Janus, 2005.

Avec Jean-Baptiste Ferrero :
Négocier avec succès, Éditions JPG CONSEIL, 2005.
Manager, Éditions JPG CONSEIL, 2005.

Remerciements

L'auteur rend chaleureusement grâce à ces éminents et formidables champions du service, dans l'hexagone et dans le monde, sans lesquels ce livre n'aurait jamais pu devenir ce qu'il est : Château de Saint-Martin ; Hôtel Impérial (Tokyo) ; Jean Perron ; Jean-Baptiste Ferrero ; JPG Conseil ; Patrick Lidureau ; Paule Bertal ; Philippe Lebœuf ; Philippe Perd ; Yasmine Bonhomme ; Yasuko Kartouzou.

« Servir [...] V. tr. [...] 1. S'acquitter de certaines obligations ou de certaines tâches envers (qqn auquel on obéit, une collectivité). [...] Bien servir son pays [...] servir [...] dans telle ou telle arme. [...] On n'arrive plus à se faire servir, à trouver des domestiques. [...] 2. Aider, appuyer (qqn), en y employant sa peine, son crédit, en dehors de toute obligation. Servir qqn, ses intérêts. »

Le Robert

« Il est des gens qui crient très haut qu'ils n'ont jamais voulu se vendre ; c'est peut-être qu'on ne se serait jamais soucié de les acheter. »

Gérard de Nerval, Les Faux Saulniers

Sommaire

Chapitre 1

Le sentiment horrible (et désormais banal) d'être chose

Ou… Impression d'ensemble en matière de service dans le pays et comment l'auteur fut irrépressiblement gagné par le très désagréable « sentiment d'être chose ».

> *« Ici la chaussure est notre métier. Soyez assurés d'avoir les meilleures réparations et le service en plus. Merci de votre confiance. »*
>
> Dans la vitrine d'une cordonnerie, à Paris

> *« Dans ce local glauque où se démenait courageusement un employé sans pouvoir, l'entreprise apparaissait comme une machine totalement intégrée, où personne ne pouvait rien faire pour personne. »*
>
> Benoît Duteurtre[1]

---

1. Benoît Duteurtre, *Service clientèle*, Folio, 2005.

L'impression de devenir fou
(visite chez le psychiatre)

LUI : Je vous écoute. Dites-moi tout !

MOI : Je viens vous voir parce que je ne suis pas sûr…

LUI : Pas sûr ?

MOI : Je me demande si je ne suis pas un peu fou ! Excessif !

LUI : Excédé mais pas forcément excessif !

MOI : Pessimiste ! Négatif ! Paranoïaque !

LUI : Oh, le grand mot ! Vous n'en avez pas l'air !

MOI : Je me demande si je n'ai pas une vision un peu noire de la société française !

Lui : Dites toujours…

MOI : Je me demande si je ne suis pas nostalgique d'un monde plus humain, plus poli, plus « business » aussi… Je me demande si je ne suis pas dépassé…

LUI : Continuez…

MOI : En bref, pour vous le dire tout net, je pense que le service en France est sinistré ! Ce n'est pas un peu exagéré ?

LUI : C'est votre point de vue ! Il va falloir le démontrer ! Mais quel est votre métier ?

MOI : Consultant…

LUI : Vous n'êtes pas mal placé pour le point de vue… Allez-y… Racontez-moi… Au fait, souffrez-vous d'un symptôme précis ? D'une douleur particulière ?

MOI : Oui… oui… je suis aussi client… et lorsque j'achète… j'ai… comment dire… le sentiment d'être chose !

* * *

Voilà donc ce qu'au psychiatre l'auteur aurait confessé, s'il était allé le voir. Il est vrai que l'on se demande parfois si c'est le monde ou soi qui ne tourne plus rond. La notion de service paraît en effet aujourd'hui sinon morte, en tout cas en très mauvais état. Et voici, pour commencer, trois (tristes) histoires pour illustrer l'assertion.

Trois histoires drôlement tragiques

Histoire n° 1

Visitons tout d'abord ce grand magasin, quelque part du côté du Pont-Neuf à Paris. Imaginons. Allez, imaginons que vous êtes le client.

Vous passez une commande de deux petits bureaux d'écoliers en bois – pour la rentrée – destinés à vos enfants, et aussi des draps. Vous trouvez en les achetant, que tout est normal : les premiers sont en bois, les seconds en coton, les prix sont attractifs. La livraison est prévue le samedi en quinze. Vous avez le sentiment de faire une affaire. Vous vous sentez heureux.

Mais voilà, le fameux samedi, un bureau sur deux est livré et les draps ne sont pas ceux que vous avez choisis. Vous téléphonez au magasin. Vous essayez d'être calme, ne serait-ce que pour vous faire comprendre. Au bout de la ligne, une voix mécanique, dont vous décryptez l'appartenance humaine à l'intérieur d'un répondeur, vous répond que le service des réclamations est fermé, samedi oblige, et qu'il faut donc rappeler à partir du lundi entre 9 heures et 17 heures 30.

Pour patienter, vous relisez compulsivement la maxime pleine de joie de Cioran : « *Si le dégoût du monde conférait à lui seul à la sainteté, je ne vois pas comment je pourrais éviter la canonisation. »* Constructif cependant, vous rappelez donc le lundi en question. Vous pensez alors que l'on passe, en France, beaucoup plus de temps avec le service après-vente qu'avec le vendeur proprement dit.

On vous fait « patienter » vingt minutes car le standard est débordé ! (aparté au lecteur : on ne se rend vraiment pas assez compte de l'anxiété que déclenche l'attente tout court et, plus spécifiquement, l'attente au téléphone.)

On vous répond enfin, sur un ton agressif, qu'il s'agit d'une erreur du livreur, mais que celui-ci appartient à une structure indépendante de la société. Donc, pas coupable ! Ni responsable ! Vous attendiez pourtant un je-ne-sais-quoi souriant, un mot, une excuse.

Mais non, vous rêvez ! Il n'arrive que le classique « cela arrive ! » (tiens, encore sur vous !) qui est, comme on le sait, un des arguments types de défense de ceux qui traitent les réclamations (tautologique s'il en est : « C'est arrivé parce que cela arrive ! » et permettant de transformer l'incompétence du vendeur ou de l'organisation en événement fatal).

Vous rétorquez alors : « Je n'ai pas beaucoup de temps ! » On vous répond : « Moi, non plus ! » *(sic)* On vous dit encore que l'on va vous livrer quand même le reste ! Encore heureux ! pensez-vous. Mais vous voilà rassuré : on va enfin vous remettre ce que vous avez acheté !

Vous reprenez donc date pour une nouvelle livraison… du reste. Vous vous sentez d'ailleurs vous-même, un moment, reste, voire résidu. « Ils » ont le pouvoir. Le fournisseur est roi. « Sujet », vous attendez. Vous attendez encore. Vous ne pouvez qu'attendre. Le samedi suivant.

Le samedi suivant en question, donc, le livreur ne vient pas. (aparté au lecteur : non ! il ne s'agit pas encore une fois d'un destin racinien, dans lequel vous êtes, malgré vous, l'objet tragique. Il s'agit d'un phénomène répandu en France dont vous n'êtes pas la seule victime.)

Alors là, c'en est trop ! Vous vous déplacez. La colère vous entraîne. Vous voulez en découdre. Vous voulez rencontrer le manager, enfin le « responsable » (quelqu'un qui, comme l'étymologie le laisserait supposer, « réponde » à vos questions…). Vous vous rendez dans l'entreprise.

Vous finissez par le trouver, ce chef du rayon où vous avez acheté votre marchandise. Il vous dit, oscillant entre quatre comportements, l'agressivité, l'arrogance, la nonchalance et la plainte : « Ce n'est pas notre faute, c'est le début de saison, il y a du personnel en vacances, on est en sous-effectif (arguments qu'emprunte souvent le *middle management*, hésitant dans son rôle, pris entre l'étau des "exploités" et l'enclume de l'"exploiteur"). Et puis (il recommence !) le service de livraison est sous-traité par notre société. On ne peut donc pas le contrôler ! »

Toujours pas le moindre mot d'excuse et zéro geste commercial.

Le vendeur se mue ainsi en victime et le client en apporteur coupable de problèmes, qui dérange. Vous n'appelez pas la compassion, ni même l'empathie. Vous êtes en quelque sorte encombrant. Il faut alors, et vite, se débarrasser de vous. D'ailleurs, vous n'êtes pas un bon client. Vous incarnez le service des réclamations. Vous avez une tête de réclamation ! Vous remettez en question. Pire, en cause. Vous êtes un coût, un « mauvais coup ». Une horreur dans la journée. Vous avez quelque chose de l'épagneul plaintif. Vous avez la lamentable allure de celui qui n'a pas de chance.

Allez donc aboyer ailleurs !

Histoire n° 2

Deuxième exemple, vous cherchez une nouvelle banque. La vôtre ne vous semble plus être à la hauteur ni de votre fidélité de vingt ans et demi de concubinage avec elle, ni de vos revenus. Vous avez acheté des crédits allant de 5 à 10 % d'intérêts, selon les époques, des plans d'épargne logement colossaux pour toute la famille. Elle vous a envoyé, comme à « tout le monde » dit-elle, un courrier car vous avez dépassé de quelques minuscules euros le découvert autorisé (taux : TBB[1] + 4). Ce courrier est automatique, certes, mais, à l'heure de la segmentation de clientèle[2], vous vous sentez vous-même automatique, comme le courrier que vous avez reçu.

Vous essayez la première banque, située sur la place, pas loin de votre domicile. Vous ouvrez la porte. Les regards se portent sur vous comme si vous étiez Jacques Mesrine[3]. Vous êtes cependant convenablement habillé, rasé de près, vous ne portez pas d'étui à violon, et vous ne prêtez pas forcément, en tout cas d'habitude, au délit de faciès. Au guichet, on vous observe sans aucun tact, des pieds à la tête, comme si, effectivement, vous alliez faire un mauvais coup. On vous demande, en vous regardant de biais et sans aucune précaution : « C'est pour quoi ? » Vous mourez d'envie de répondre : « C'est pour du jambon ! » Mais vous ne le faites pas. Vous répondez poliment que c'est pour ouvrir un compte.

---

1. Taux bancaire de base : il est un des principaux référents sur lesquels les banques se fondent pour accorder un crédit.
2. Terme de marketing qui signifie le découpage de la clientèle selon des critères socioprofessionnels.
3. Célèbre « braqueur » et tueur des années 1980.

Vous avez alors soudain l'impression que vous avez dit une bêtise, et que ce n'est pas certainement l'endroit idoine. On vous jauge deux fois plus encore et à nouveau de la tête aux pieds. L'air de celui qui vous scrute est totalement hagard. Vous regardez vos pieds, un peu piteux.

On vous ordonne de prendre un rendez-vous avec un attaché de clientèle – le directeur étant débordé (et sans doute réservé aux « clients importants » dont, par déduction, forcément, vous n'êtes pas) –, dans une semaine car l'attaché en question n'est pas là. Vous osez alors demander à la personne qui vous parle (ce doit être un guichetier, car quand on ne vous regarde pas comme une personne, vous ne regardez pas réciproquement la personne comme une personne, mais comme une fonction), juste pour votre information, et sans indiscrétion, quelles sont les conditions d'ouverture de compte et si cette banque offre une « valeur ajoutée » par rapport aux autres. On vous répond alors avec mépris que toutes les banques ont les mêmes conditions.

Bravo pour l'argumentaire de vente !

Dans la rue, vous méditez cette phrase de Rodin, plus que jamais dérisoire : *« Le monde ne sera heureux que quand tous les hommes auront des âmes d'artistes, c'est-à-dire quand tous prendront plaisir à leur tâche. »*

Histoire n° 3

Troisième et dernier exemple, vous recherchez le calme, quel qu'en soit le prix. Vous êtes irrité par l'absence de service en France et vous allez alors, allez soyons fous, passer quelques jours dans un palace de la côte normande. Ou d'Azur. Peu importe (les problèmes rencontrés sont souvent les mêmes) !

Dès que vous arrivez, vous êtes reçu par un VBG[1] (« voi-turier-bagagiste-groom ») qui manque de vous faire tomber tellement l'ouverture de la porte de votre voiture est brutale. Après ce moment de vraie terreur, vous reprenez votre souffle et vous vous dirigez vers le concierge. Celui-ci vous livre son meilleur sourire en vous parlant d'abord anglais – normalement, pour être là, vous devriez être « anglo-américano-nippon » –, vous échangeant votre nom contre une clef et un numéro de chambre. Vous y retrouvez, dans la chambre, votre VBG.

Vous entendez alors – ô surprise ! – un léger cliquetis, dis-cret mais néanmoins tenace, agaçant comme tout, s'insi-nuant dans votre oreille interne. Est-ce là un acouphène ? Non point, mais vous avez un soupçon ! Vous vous précipi-tez dans la salle de bains. Et oui ! Il s'agit bien du robinet de la baignoire qui laisse échapper un filet d'eau.

Vous le signalez au VBG qui vous dit qu'il va le signaler. Aïe ! Ça se complique ! Il s'en va après avoir empoché une poignée d'euros. Mais vous craignez le pire : en général, quand on signale qu'on va signaler, il y a un sérieux risque pour que cela ne soit pas signalé du tout ou sous forme du téléphone arabe. Vous êtes désormais intimement persuadé qu'ils vont changer la tringle des rideaux, qui n'en ont pas besoin. L'angoisse monte par bouffées. Vous vous dites qu'il eût été préférable qu'ils réparassent quand même la fuite avant la nuit.

Vous vous endormez, tant bien que mal, sur une sage cita-tion d'Eugène Labiche : *« Seul Dieu a le droit de tuer son semblable. »*

---

1. Sigle totalement inventé par l'auteur ! On appelle aussi les VBG plus communé-ment « chasseurs ».

« Le syndrome du taxi »

Il vaut mieux donc en rire. Mais aussi y réfléchir. C'est l'objet de ce livre. Le service en France, si l'on s'en tient à ces trois histoires, est en bien mauvais état. Elles produisent une impression générale, celle d'un véritable combat, pour acheter, pour l'acheteur : le client n'est plus en effet une source d'enrichissement pour le vendeur, encore moins de plaisir – celui de servir –, mais il devient un problème.

Acheter devient alors une épreuve, un sport d'endurance, un parcours du combattant. Oui, il faut désormais se battre pour consommer. Tout le monde en parle[1]… Mais de quoi s'agit-il au fond ? Comment expliquer le phénomène ?

Une corporation incarne et résume, dans la caricature, l'attitude générale et la problématique. Ce sont les taxis parisiens. Évidemment, pas tous. Il y a des taxis qui sont des bons professionnels et qui remplissent parfaitement leur contrat. Mais, entre nous, qui n'a pas à raconter une mauvaise aventure vécue à l'intérieur d'un taxi (voir ci-dessous) ?

Départ pour Orly. C'est dimanche de Pâques. Nous téléphonons à une compagnie de taxis à laquelle notre société est abonnée. C'est une des premières compagnies nationales. Nous nous sommes abonnés parce qu'on nous a vanté un service personnalisé, une courtoisie exceptionnelle, la priorité sur tous les autres clients en termes d'attente.

---

1. *Cf.* l'article de Jean-Louis Andreani (*Le Monde* daté du 28 juillet 2005) qui traite de notre propos, intitulé : « Chronique d'une exaspération ordinaire ». Extrait : *« De plus en plus souvent, le citoyen ordinaire a le sentiment d'être aux prises avec des aberrations ou des dysfonctionnements qui semblent parfois devenir la règle, quand ils s'accumulent en quelques jours. »*

Il est dix heures. « Dans cinq à sept minutes, viendra une Volkswagen grise », nous annonce une voix féminine, poliment. La voiture arrive en effet cinq minutes plus tard. L'homme ne va pas aux valises mais c'est nous qui les lui apportons. Il les plaque dans le coffre. Pas de bonjour. On roule sur l'autoroute A6. Musique à tue-tête. Pas un mot. Pas un échange.

On arrive à Orly Ouest. On le règle avec un chèque de la compagnie. Il semble de plus en plus faire la tête. Il sort et dépose sans ménagement les valises sur le trottoir. On demande un reçu. Il refuse en disant que le talon du chèque suffit. Soit. Et puis il nous dit qu'il n'a pas envie de travailler le dimanche, et qu'il doit aller à l'église. Soudain, il s'énerve. Il démarre en trombe et menace de nous laisser plus loin sans les valises. On le calme. Il nous insulte. Il nous menace encore : « Je ne vous reprendrai jamais dans mon taxi ! » Nous téléphonons ensuite au superviseur de la compagnie, qui ne semble pas étonné et prend note de l'histoire.

Ce taxi-ci vous demande désormais où vous allez et accepte ou n'accepte pas de vous prendre en fonction de votre itinéraire et quel que soit l'état de son « lumineux »[1], celui-là vous demande de garder votre humeur pour vous au moment où vous lui confiez que vous êtes fatigué et heureux d'avoir trouvé un taxi, cet autre vous donne le plan pour que vous le guidiez vers votre destination, cet autre encore vous interdit de téléphoner dans sa voiture. Et encore celui-ci qui se met à poursuivre avec vous rue de Rivoli une autre voiture dont le chauffeur lui a fait un début de queue de poisson. Et encore celui-là qui met à tue-tête la

---

1. Borne lumineuse du taxi qui indique s'il est « libre » ou pas.

radio retransmettant le match OM-PSG alors que vous cherchez le calme et que vous n'avez pas de goût particulier pour le football.

Vous ne pouvez plus, par ailleurs, prendre un taxi sans désormais entendre le systématique « avez-vous un itinéraire préféré ? », censé vous rassurer pécuniairement en vous donnant l'initiative du parcours. Outre le fait que le chauffeur ne se casse pas ainsi la tête et se laisse – ô paradoxe ! – conduire par vous, vous n'avez pas du tout envie de réfléchir à l'itinéraire. Périphériques, boulevards extérieurs ou centre de Paris : à chacun son métier, et l'orientation dans Paris n'est pas le vôtre ! À un taxi à qui l'on pose la question de manière provocante « dites, ne pensez-vous pas que le client est roi ? », celui-ci manque de s'étouffer et répond, agacé : « C'est moi le roi dans mon taxi. À ce client asiatique qui me demande de porter ses bagages, je l'envoie paître et lui demande de les porter lui-même. Je ne suis pas son valet ! »

Pourquoi donc cette attitude générale aussi peu commerciale ? Les taxis ont ceci de particulier, à l'inverse du boulanger, de la société d'informatique ou de l'hôtellerie de luxe, c'est qu'ils ne revoient pas le client. Ils n'ont pas à le séduire ni, à vrai dire, à le satisfaire pour le conserver. Il n'est perçu que comme une contrainte économique qui ne va durer que le temps d'une course. Les taxis sont l'exemple même de la gestion commerciale « à court terme » : faire les courses les plus rentables possible.

On peut alors se demander si toute la société française des affaires ne souffre pas aujourd'hui du « syndrome du taxi ».

Trois hypothèses

Tentons de comprendre (sans s'énerver). À tout phénomène, il y a plusieurs causes. Distinguons-en trois majeures.
Évidemment, ce ne sont que des hypothèses. Elles seront
discutées tout au long de l'ouvrage.

Hypothèse n° 1 : « l'euro-gogo »

D'abord, il y a l'état du capitalisme au cours des dernières
années ou ce que nous nommons « le syndrome du taxi ».
Le capitalisme financier – les capitaux de l'entreprise placés
en Bourse – génère parfois autant d'argent, sinon plus, pour
l'entreprise que le client. Les ressources financières et les
profits ne viennent plus de ce dernier et de ses achats. Alors
pourquoi s'en occuper ? Ou, en tout cas, autant ?

Certaines directions des ressources humaines de banques
n'hésitent pas à avouer que les plans de formation de leurs
salariés ne portent désormais plus sur les aspects comportementaux du métier de banquier (formations à l'accueil, à la
vente, à la négociation) car l'entreprise gagne sa vie autrement que par les hommes. Plus besoin donc de les former.
Les dirigeants de ces établissements sont bien plus préoccupés par les fluctuations du CAC 40 que par les dysfonctionnements comportementaux des banquiers de terrain face
aux clients.

Ainsi une agence bancaire n'a pas, depuis cinq ans, résolu
son dysfonctionnement de standard téléphonique. Le client
peut appeler à n'importe quelle heure de la journée, il a
une chance sur dix pour qu'on lui réponde. La solution qui
consisterait à réparer la panne ou à changer le standard ne
paraît pas, pour le moins, être la priorité des services généraux de ce grand groupe bancaire.

Le problème est bien qu'à ne plus se préoccuper du « cœur de métier », de l'activité centrale de l'entreprise, et donc du client, on finisse par développer avec lui des relations, au mieux, administratives et désincarnées – des relations de courrier – et, au pire, des relations de manipulation « sado-maso » (qu'il soit le plus rentable le plus rapidement possible) : on le veut donc soit « légume », soit « citron ». Le client n'est plus le héros heureux – si magnifié dans les années 1980 – mais « l'euro-gogo » !

Le capitalisme d'aujourd'hui, c'est encore la recherche effrénée du profit à court terme au détriment de celui de la qualité.

Claude Bébéar[1] lui-même observe : « *Les stakeholders d'une entreprise sont les groupes d'acteurs par lesquels elle vit et travaille : ses clients, ses salariés et ses actionnaires. [...] L'art du management consiste à ne pas favoriser exagérément les uns au détriment des autres. [...] Les années 1990 ont, de fait, été celles de l'actionnaire. Rien n'était trop beau pour lui ! Nous ne sommes pas encore sortis de cette période. Les patrons ont ainsi promis à l'actionnaire des "retours sur investissement" délirants : il est communément admis qu'une entreprise doit dégager, pour séduire les marchés, un rendement de 15 % en termes de ROE ou "return on equity". C'est un niveau de rentabilité très élevé ! Et l'on rajoute, pour faire plaisir aux fonds de pension et autres investisseurs anglo-saxons qui font la pluie et le beau temps, une promesse de croissance des bénéfices de 15 %. [...] On ne peut obtenir un objectif de progression aussi ambitieux qu'au détriment des salariés et des clients.* »

---

1. Claude Bébéar, *Ils vont tuer le capitalisme*, Plon, 2003.

Un contexte permanent d'instabilité économique poussant les entreprises au flux tendu et à la gestion à court terme pour atteindre des objectifs immédiats de rentabilité, le « mieux disant », dans les réponses aux appels d'offres, au détriment des critères de la qualité, une démotivation grandissante[1] des personnels dans une culture du « dégraissement » et de plans sociaux, une chute libre des valeurs sociétales traditionnelles, notamment celle de la hiérarchie et celle de la politesse, qui se répercutent dans les organisations, une planification du travail de plus en plus délirante – un chef de personnel d'une entreprise publique nous disait qu'il fallait maintenant « travailler en fonction des congés », et non l'inverse – expliqueraient encore l'ampleur des dégâts[2] et constituent cette sorte d'inventaire à la Prévert du malaise.

Hypothèse n° 2 : « le professionnel robot »

La deuxième cause relève sans doute de la révolution (permanente) des technologies. Celles-ci remplacent en partie le salarié qui, du reste, a de plus en plus tendance à ressembler aux machines qu'il utilise : froid, rapide, rentable.

On peut ainsi se demander si le repère comportemental que le professionnel postmoderne prend pour forger son attitude ne vient pas du guichet automatique, de l'organiseur portable ou du code-barres.

---

1. On notera les propos du sociologue Olivier Shwartz, dans *Le Monde* du 22-23 juin 2003, au sujet du travail en crise dans un contexte de tensions sociales liées à la question de la retraite : *« Cela semble banal. Mais un chauffeur de bus doit aujourd'hui faire l'expérience, sept heures par jour, de gens qui montent sans lui présenter de ticket de transport, sans le voir, sans lui dire bonjour, très souvent en train de téléphoner sur leur portable. Ce même chauffeur, d'ailleurs, se comporte pareillement dans d'autres situations ! Mais cette expérience, centrale dans le travail des chauffeurs d'autobus, est très éprouvante pour beaucoup d'entre eux. »*
2. Le non français au référendum pour la constitution européenne en juin 2005 est sans doute un symptôme du malaise hexagonal.

Dans les entreprises, on communique de moins en moins – l'ère de la communication conviviale des années 1980-1990 est aujourd'hui passée –, on fonctionne souvent sur des modes de raisonnement binaire et si l'on n'est pas dans le cadre – ou dans le code –, on se trouve éjecté. Comme une carte périmée.

Hypothèse n° 3 : des métiers « par défaut »

Une fausse et vieille croyance pourrait être la troisième cause. Celle qui consiste à penser que les métiers d'accueil ou de vente nécessitent des faibles qualifications. La formation initiale et continue des vendeurs, des managers commerciaux, des personnels d'accueil, en bref des métiers dont l'activité première est relationnelle, est encore vécue par beaucoup, et notamment par ceux qui l'exercent, comme des métiers « par défaut ».

Quelle est donc la formation d'un vendeur ? Souvent, il n'a pas obtenu le bac et se forme sur le tas pour avoir un métier. Ou il a un bac + 2, a suivi des études courtes pour travailler plus vite et se fait une idée héroïque de la relation commerciale, nourrie par la représentation télévisuelle des sagas de l'« argent facile ». Mettons de côté les écoles supérieures de commerce réservées aux élites, qui forment mieux aux mathématiques financières qu'à la vente proprement dite.

Quelle est encore la formation d'une hôtesse d'accueil ? Souvent autodidacte également, elle est malheureusement recrutée par les entreprises davantage pour ses atouts plastiques que pour ses compétences de communicante. Mais au-delà des questions de « formation classique » qui sans doute aide à la développer, c'est surtout l'aptitude comportementale et entrepreneuriale qui semble manquer.

On peut évoquer ainsi la communication de Norbert Bensel, directeur des ressources humaines de Daimler-Chrysler, citée par André Gorz[1] : *« Les collaborateurs de l'entreprise font partie de son capital [...]. Leur motivation, leur savoir-faire, leur capacité d'innovation et leur souci des désirs de la clientèle constituent la matière première des services innovants [...]. Leur comportement, leur compétence sociale et émotionnelle ont un poids croissant dans l'évaluation de leur travail [...]. Celui-ci ne sera plus évalué en nombre d'heures de présence mais sur la base d'objectifs atteints et de la qualité des résultats. Ils sont des entrepreneurs. »* Et André Gorz de commenter : *« Ce qui compte chez les "collaborateurs" d'un des plus grands groupes industriels du monde, ce sont les qualités de comportement, les qualités expressives et imaginatives, l'implication personnelle dans la tâche à accomplir. »*

Balzac lui aussi décrivait, il y a plus d'un siècle, le vendeur ainsi : *« Le vendeur est tenu d'être observateur sous peine de renoncer à son métier. N'est-il pas incessamment contraint de sonder les hommes par un seul regard, d'en deviner les actions, les mœurs, la solvabilité surtout ; et pour ne pas perdre son temps, d'estimer soudain les chances du succès ? »*

Le coûte que coûte plutôt que l'écoute

Mais éclairons notre lanterne. Qu'est-ce alors finalement que le service ? Définissons-le d'abord par ce qui n'en est pas.

---

1. André Gorz, *L'immatériel*, Galilée, 2003.

Le non-service, c'est d'abord le déni du client. Ne pas le voir. Celui-ci apparaît alors comme transparent, invisible. On ne le sert pas – on ne le voit toujours pas et il attend pourtant là depuis vingt minutes ; lorsqu'on le remarque enfin, on lui assène un argumentaire indigeste de vente standard qui ne correspond pas à sa demande, on lui fourgue la première marchandise qui passe sans l'once d'un conseil, on le fait travailler, on ne lui sourit pas, on ne le salue pas, on ne le remercie pas.

Le non-service, c'est encore cet égocentrisme béat, et parfois bêta, du vendeur – ou de l'entreprise qui l'emploie. Le vendeur peut ainsi raconter sa vie alors qu'on ne lui demande rien, réclamant, par une tragi-comique et surprenante inversion des rôles, une forme d'empathie de la part du client. En effet, raconte-t-il piteusement, « l'entreprise manque de personnel », « le produit n'est pas en stock », « le service de livraison est indépendant de la société mère », « le personnel est en RTT », etc. Autant d'excuses pitoyables qui tentent de justifier la non-vente – de plus en plus fréquente – et la mal-vente.

Le non-service, c'est aussi la relation perverse, « *win-lose* », où le vendeur profite de la moindre hésitation du client pour lui refiler le plus cher et le moins bon. C'est le phénomène de la pile de journaux où le premier exemplaire, chez le marchand, destiné au premier « euro-gogo » est toujours abîmé, ou encore celui des produits du rayon frais de supermarché où les produits les plus récents sont cachés derrière les plus anciens et mis en avant pour que les clients les prennent.

Le non-service, c'est enfin et peut-être, surtout, un comportement. Celui de l'agressivité, de l'arrogance, de la remarque déplacée, de l'ingérence morale du vendeur dans la relation au client. Le vendeur, ici, certes regarde le client mais de haut, en voulant le changer à partir d'*a priori* indigestes, en lui faisant une leçon inepte de comportement, en lui dictant ses besoins, en le corrigeant fermement à la moindre objection, quand il n'est pas à la limite de l'insulte ou, en tout cas, de l'offense.

Le client devient alors *servus* (« esclave ») au lieu d'être servi. C'est l'inversion des rôles, phénomène exacerbé par l'absence de repères éducationnels de beaucoup de « commerciaux » – mais aussi de clients goujats ou inutilement agressifs – et par la violence relationnelle générée par la société d'aujourd'hui tout entière.

Grands services et petites attentions

Mais alors qu'est-ce donc que le service ?

Le mot trouve donc son origine dans le latin *servus* – « esclave » –, *servitium* – « esclavage » –, *servio* – « être esclave ». Servir n'est donc pas loin de « servile », « servilité », dont le philosophe Alain[1] disait qu'elle était une *« flatterie en action »*. Quand le service n'est pas *duty*, c'est-à-dire devoir, avec tout ce que cela induit de non-plaisir, comme disent les Anglo-Saxons pour désigner le travail – le labeur – que l'on accomplit dans la journée. Autant de représentations négatives, plus ou moins inconscientes, qui contribuent à la difficulté de – voire à la résistance à – servir. De peur d'être « servile », le salarié du service en devient « hostile ».

Et pourtant, selon le *Vocabulaire économique et financier* de Bernard et Colli[2], les services correspondent à une objective nécessité économique qui consiste à *« satisfaire les*

---

1. Alain, *Définitions, proverbes*, Gallimard, 1953.
2. Bernard et Colli, *Vocabulaire économique et financier*, Le Seuil, 1976.

besoins individuels et collectifs autrement que par le transfert de la propriété d'un bien matériel ». Publics ou privés, ils répondent donc à un besoin fondamental des citoyens : communiquer, être informé, déposer son argent, être assuré, éduquer ses enfants, voyager, être hébergé. En cela, ils n'ont rien de « serviles » mais participent à la qualité de la vie sociale et citoyenne.

Mais il y a le service dans le service, si l'on peut dire. Le « service » constitue alors une valeur ajoutée à la vente de services, comme de biens. La SNCF, qui est un service public, va vendre le service qu'elle offre – le voyage par train – par la qualité du service supplémentaire qui lui est associé – l'accueil à la gare, dans le train, le respect des horaires, le comportement des agents et des contrôleurs, la propreté et l'hygiène des compartiments, le service après-vente. Ces derniers arguments ne seront pas les derniers pour conquérir et fidéliser une clientèle dans un univers concurrentiel – en l'occurrence, ici, celui du transport – sans merci.

Qu'est-ce qui est déterminant chez ce grand distributeur d'électroménager : son propre « business » de machines à laver ou la réactivité de son SAV. Qu'est-ce qui va faire la différence entre un hôtel deux étoiles et un palace ? Le confort et l'espace de la chambre ou le sourire à l'accueil comme la capacité d'écoute du « room-service » ? Qu'est-ce qui va distinguer cette grande société de maintenance informatique d'une autre, au-delà de la compétence, sinon le talent de communication de ses intervenants ?

Diderot écrivit, à propos du service, au sens large du terme : *« Les grands services sont comme de grosses pièces d'or ou d'argent qu'on a rarement l'occasion d'employer ; mais les petits sont une monnaie courante qu'on a toujours en main.* » Ce sont ces petites attentions, pourtant simples apparemment à prodiguer, qui apparaissent aujourd'hui comme si rares.

On évoquera enfin ces paroles de Lew Young, rédacteur en chef de *Business Week*, cité par Tom Peters et Robert Waterman dans *Le prix de l'excellence*[1] : « Le principe de gestion probablement le plus fondamental que l'on ignore aujourd'hui, c'est de rester à l'écoute du client pour satisfaire ses besoins et anticiper ses désirs. Dans trop d'entreprises, le client est devenu un empêcheur de tourner en rond dont le comportement imprévisible détériore des plans stratégiques mis au point avec soin, dont les activités dérèglent les programmations, et qui réclame avec entêtement des produits qui marchent. »

---

1. Tom Peters et Robert Waterman, *Le prix de l'excellence*, InterÉditions, 1983, Dunod, 1999.

Chapitre 2

La banque :
le temple aux parapluies

Ou… Pénétration respectueuse, voire pieuse, au sein du « temple aux parapluies » d'où l'auteur tira une réflexion critique, mais constructive, à propos de ce service si précieux.

« Les journaux regorgent d'histoires de braves gens pris en otages à la banque par des gangsters, mais ils restent muets sur les cas, pourtant plus fréquents, de clients pris en otages par leur banquier. »

Roland Topor

Le trou de M. Martin

Tout le dialogue se déroule par téléphone. Sonnerie vers 10 heures du matin chez M. Martin.

LE BANQUIER (B) : Pourrais-je parler à M. Martin ?

LE CLIENT (C) : C'est moi.

B : Ah… ! *(Un temps, puis à voix basse.)* André Pépète du Crédit Gaulois… *(À voix très basse, presque inaudible.)* Vous avez un trou…

C *(à voix basse également)* : Un trou ?

B (toujours à voix chuchotée) : Un trou !

C *(plus fort)* : Qu'appelez-vous un trou ?

B : 287 euros. Un trou de 287 euros.

C : Ah ! Vous parliez de mon compte ! *(Un long temps.)* Mais, Monsieur Pépète, j'ai un découvert autorisé de 1 000 euros.

B : Oui mais, là, Monsieur Martin, c'est un découvert précisément non autorisé de 287 euros. Votre facilité de caisse de 1 000 euros est épuisée. En fait, vous êtes aujourd'hui à moins 1 287 euros dont 287 non autorisés.

C : Oh ! Ce n'est pas tant que ça ! Je gagne quand même 1 500 euros par mois.

B : Vous trouvez que ce n'est pas tant que ça ! Il faut résoudre le problème immédiatement. Je ne peux pas attendre : le trou risque de devenir un gouffre. *(Un temps.)* Je vais être obligé de…

C : Obligé de ?

B : Avez-vous établi des chèques dernièrement ?

C : Oui un à mon propriétaire !

B : Un chèque de combien ?

C : 850 euros... *(Un temps.)* Il devrait arriver sur mon compte aujourd'hui ou demain !

B : Je vais être obligé de le rejeter ! C'est les consignes de la direction...

C *(entre apeuré et en colère)* : Cela fait quinze ans que je suis chez vous... Cela fait quinze ans que je nourris le Crédit Gaulois...

B *(le profil faussement bas)* : C'est les consignes de la direction... Ce n'est pas moi... Je n'y peux rien... *(Un temps.)* Il faut au moins couvrir les 287 euros et ajouter 850 euros. Ce qui fait 1 137 euros. Il faut nous remettre un chèque de 1 137 euros d'ici midi.

C *(sur le ton du calcul)* : Mais je ne peux les prendre que sur mon compte ! Qui est potentiellement à découvert de 1 137 euros... *(Un temps.)* Cela ferait alors 2 274 euros.

B : 2 274 euros ? Expliquez-moi...

C *(toujours sur le ton du calcul)* : Oui deux fois 1 137 euros. Je prendrais 1 137 euros sur mon compte pour couvrir les 1 137 euros.

(Un long temps de torpeur mutuelle.)

B *(se réveillant soudain)* : Mais non Monsieur Martin, voyons ! Il faut les prendre ailleurs que sur votre compte ! *(Un temps.)* Votre maman par exemple...

C : Elle n'a plus de ressources depuis longtemps...

B : Votre papa...

C : Il a abandonné maman et il est parti en Australie... Il n'a plus jamais donné de ses nouvelles depuis des années...

B : Une petite amie ? Une fiancée ?

C : Elle vient de me quitter elle aussi...

B : Il doit bien y avoir une solution !

C : Je n'en vois pas...

(Un long temps.)

B : J'en ai peut-être une… Il faut absolument faire un geste !

C : Ah ? Quoi ?

B : Monsieur Martin, avez-vous contracté une assurance décès ?

C : Une assurance décès… Oui ! *(Un temps, puis soudain haletant.)* Vous voulez dire… Vous voulez dire…

B : Oui… Je sais, ce n'est pas l'idéal, mais cela permettra sans doute d'éviter l'interdiction de chéquier…

* * *

Le business d'argent

Il est impossible d'échapper à la banque (sauf pour quelques gangsters qui la fuient). C'est le second service – après celui de l'école – que les enfants, dans ce monde, apprennent très vite à connaître. Chacun en a en effet besoin. Les entreprises aussi. Car ce service très spécial nous est indispensable. Comment gérer au mieux l'argent que l'on gagne ? Comment bâtir une maison, acheter un appartement, réaliser un projet de création d'entreprise, investir dans du matériel informatique…, quand on n'est pas héritier, sans emprunter ? Comment vivre donc sans passer par la banque ?

La banque est incontournable. Et elle le sait !

Mais comment fonctionne donc « ce commerce de l'argent » ? *« La banque se procure des liquidités auprès de certains clients qui deviennent ses créanciers ; elle s'en sert pour faire crédit à d'autres clients [...] qui deviennent ses débiteurs »*, explique Jean Rivoire[1].

---

1. Jean Rivoire, *Les techniques bancaires*, PUF, 1991.

Et en quoi la banque constitue-t-elle un commerce ? *« Ces opérations, dites de "clientèle" se font à forte marge, ce qui veut dire que la rémunération prélevée (généralement en forme de taux d'intérêt) sur les clients débiteurs est beaucoup plus élevée que la rémunération versée aux clients créditeurs »*, poursuit Jean Rivoire. Et c'est ainsi que la banque « gagne sa vie », fait des profits par son activité, est commerçante. Ce que les clients oublient parfois.

Et le commerce de l'argent n'est pas tout à fait comme les autres. Et les marchands d'argent provoquent souvent chez nous, et malgré nous, un réflexe de crainte. De crainte régressive, de peur infantile, de trouille que le ciel ne tombe sur la tête.

Le dieu-banquier

Lorsque le banquier vous appelle pour vous rencontrer au sujet « dont on ne peut pas parler par téléphone », on a le sentiment d'être « convoqué » au tribunal céleste. Et presque, déjà, sans pourtant que l'on connaisse encore l'objet de la convocation, on se sent coupable et l'on sait que l'on risque d'être réprimandé. Le banquier adore jouer avec la culpabilité.

On y va apprêté, prudent, subordonné, et, lorsqu'on le voit, ce banquier aux allures de juge, on prend des airs obséquieux. Car, dans la panique, on n'a pas pu – ou voulu – retrouver soi-même son dernier relevé de compte et l'on s'attend donc au père (sévère), au pire.

Le banquier est un père, un juge, un dieu. Suprême et sévère. Déterminant pour votre survie, qui détient le pouvoir de vous rendre prospère ou de vous ruiner. Bien sûr, c'est vous, en réalité, qui les faites, votre fortune ou votre ruine, selon les aléas de votre carrière professionnelle, de votre talent et de la chance. Mais c'est lui qui encourage ou sanctionne votre parcours, selon le cas, par la mise en place d'un crédit ou, à l'inverse, par un refus de vous financer quoi que ce soit.

Le banquier prononce des interdits – notamment bancaires. Il « fait » la loi. D'ailleurs, depuis l'origine des temps, les hommes l'ont considéré comme un dieu. La banque est son temple et, si l'on regarde bien, certaines agences ont parfois des faux airs de pagodes antiques.

Déjà, deux mille ans avant Jésus-Christ, les Babyloniens inventaient la banque et consacraient le dieu-banquier[1] : *« Les deux principales opérations auxquelles se consacraient les dieux-banquiers consistaient dans la réception en dépôt et le prêt. Les dépôts étaient gratuits. Les temples étaient responsables de la disparition des objets qui leur étaient confiés ; mais ils étaient libres d'en faire usage, à charge simplement pour eux de restituer à première demande une quantité équivalente. Les prêts étaient constatés par un acte écrit. Ils donnaient lieu à la perception d'un intérêt [...] dont le taux maximum resta immuable pendant près de vingt siècles. »*

La toute-puissance bancaire

Il y a sans doute encore du dieu babylonien chez votre banquier. Celui qui choisit le métier de banquier devient ainsi dieu. Par revanche sociale ? Par ambition personnelle ? Par amour de l'argent ? Par désir de puissance ? Et c'est peut-être là que réside le premier problème. Il y a dans ce métier-là, qu'on apprend plutôt « sur le tas », « quelque

---

1. Achille Dauphin-Meunier, *Histoire de la banque*, PUF, 1964.

chose » qui déclenche un sentiment de toute-puissance chez celui qui l'exerce. Ce « quelque chose » est, avant tout, le produit même qui est commercialisé, l'argent donc, qui n'est pas sans produire chez celui qui le vend – même si celui qui « l'achète » n'est pas exempté de toute attitude suspecte en la matière – des réflexes et un comportement que la psychanalyse pourrait décrypter.

Le produit « argent » est en effet (outre son lien freudien à l'érotisme anal) nerf de la guerre sociale, objet de tous les fantasmes, de toutes les ambitions et de toutes les manipulations, « non-dit » obsédant chez tout un chacun, facteur d'équilibre ou de déséquilibre existentiel. L'argent indispensable dans une société de marché et valeur centrale de la société de consommation. Dans un sondage interne aux banques des années 1980, le banquier était d'ailleurs associé aux animaux les plus mal aimés : rapaces, serpents...

Ce sentiment de toute-puissance s'explique ensuite par la dépendance du client vis-à-vis de son banquier : c'est ce dernier qui contrôle ses comptes, a une vue sur sa vie professionnelle mais aussi privée, et qui, de ce fait, encore une fois, valide ou non sa gestion de l'argent. C'est lui encore qui va décider par son soutien ou non de l'achat d'un appartement ou de la location d'une maison pour les vacances prochaines. De la gestion – ou du contrôle – de l'argent à celui de la vie même, il n'y a qu'un pas. Pire encore, pour une entreprise : c'est le banquier qui, au vu du bilan, va autoriser ou non tel ou tel investissement – parfois vital – décidé par le chef d'entreprise.

Cette toute-puissance – qui fonde donc une relation totalement dissymétrique avec le client – peut évidemment se traduire par une série d'attitudes concrètes que le consommateur de banque connaît et qui sont bien éloignées de l'esprit de service.

Des attitudes perverses

Même si cette position de force, quelques banquiers la gèrent avec intelligence et, malgré tout, souci de l'autre, il est indiscutable qu'elle peut provoquer aussi des attitudes perverses. Listons quelques comportements récurrents désormais observables.

Un, le banquier affiche une forme d'arrogance injustifiée, voire d'agressivité gratuite, vis-à-vis du « demandeur » qui a besoin de lui. Il opte alors pour un style faussement diplomatique en utilisant l'art (cynique) de la litote pour vous dire qu'il ne souhaite pas votre clientèle : « Vous savez, notre établissement ne pourrait pas vous rendre les services que vous attendez… »

Deux, il peut être tenté de faire la leçon, et il la fait souvent. Il est alors « moraliste », d'autant plus qu'il connaît – et peut utiliser – les situations privées. D'éventuel « bon père » qui vous donne de l'argent, il devient « père fouettard » qui vous le retire parce que vous ne vous êtes pas bien conduit : « Vous êtes un mauvais gestionnaire… ! Un sale gosse… ! Il faut savoir faire des économies et ne pas dépenser ce que vous n'avez pas… », vous sermonne-t-il d'un ton de reproche.

Trois, il peut vouloir encore éviter toute confrontation en laissant « traîner » une demande de crédit, en n'y répondant pas. Ne sachant – ou ne pouvant – ni dire non ni dire oui, il annonce, alors que la demande est urgente, qu'il va vous rappeler et ne vous rappelle pas. Le banquier adore ainsi jouer avec le temps et les nerfs.

Une grande banque a même réalisé, vu que c'est si peu souvent le cas, son slogan publicitaire non pas sur « le pouvoir de dire oui » – une autre banque avait déjà utilisé la formule – mais plutôt sur le pouvoir de dire oui ou non mais rapidement et clairement, en bref, sur le simple pouvoir de répondre.

Une brutalité relationnelle incroyable

Utilisant volontiers un jargon juridico-technique, et parfois carrément abscons, prétextant des causes obscures, techniques et surtout incompréhensibles pour le client, se référant à une hiérarchie invisible mais d'autant plus puissante qu'elle n'est pas présente, utilisant la tactique dite du parapluie – et parfois du parasol, quand ce n'est pas celle du chapiteau (comité des prêts et autres « le directeur n'est pas là » – voir plus loin) –, le banquier peut aussi vous avertir qu'il est en train de vous ruiner pour des raisons que seul le spécialiste en haut et bas de bilan qu'il est peut comprendre. Le profane inculte, et qui ne peut donc pas comprendre, c'est vous, c'est le client.

Enfin, le comportement du banquier peut être d'une grande brutalité. De nombreux chefs d'entreprise comme des particuliers peuvent en témoigner. Un banquier peut, du jour au lendemain, décider d'interrompre une relation commerciale et, moyennant une lettre-préavis dite « à 60 jours », il peut exiger un remboursement d'une ligne de découvert autorisé ou d'un autre type de crédit.

Dans un contexte d'entreprise, il peut aussi refuser de financer un investissement alors qu'il en avait financé un du même ordre l'année précédente ou revoir à la hausse toutes les conditions bancaires en fonction de votre *scoring* ou de votre bilan. Et quand il le fait, il ne prend pas vraiment de gants et vous l'annonce froidement, sans s'inquiéter des conséquences matérielles et psychologiques. En trois mots secs par téléphone.

Le banquier fait ainsi ce qu'il veut, il n'est pas là pour vous subventionner ni vous sponsoriser. Il n'y a d'ailleurs, dans la doctrine juridico-bancaire, aucun « droit au crédit ». Le banquier, métier de services, n'est pas obligé de vous rendre service. À vous de vous débrouiller pour avoir des fonds propres (son obsession), une gestion efficace et anticipatrice des revenus et des charges, des résultats « juteux », éventuellement des garanties rassurantes à lui proposer. On ne prête vraiment qu'aux riches.

Le jargon jargonnant des banquiers

Les dieux-banquiers, vous l'avez noté, ont un vocabulaire très particulier. Ils ne parlent pas comme nous. La langue, comme on le sait, est toujours au service d'un pouvoir. Les banquiers ont la leur. Et ils s'en servent, et ils en abusent. Ils ne parlent pas en mortels : ils parlent d'escompte, de loi Dailly, de découvert, d'agios, de dates de valeur, de taux d'intérêt, de TBB, de garanties, de haut et de bas de bilan.

Il n'est point aisé de les comprendre. Voltaire, en son temps, l'avait dit : « *Les banquiers ont entre eux une langue particulière, comme les chimistes ; et le passant qui n'est pas initié à ces mystères en est toujours la dupe.* »[1]

Beaucoup de clients particuliers ou de PME ont en effet du mal à suivre. Et cette utilisation parfois manipulatrice du jargon permet de faire passer bien des pilules. Le banquier est, comme le médecin, *censé savoir*. S'il ne se prend pas lui-même pour un dieu, le profane que vous êtes lui fait confiance comme à un dieu. Et quand vous le sollicitez, vous lui présupposez une compétence doublée d'une hon-

---

1. Voltaire, *Dictionnaire philosophique*, 1764.

nêteté sans failles. Alors, après vous avoir expliqué toute la complexité du monde et de votre situation particulière dans un jargon impossible, il vous demande de signer tel contrat de prêt ou telle caution solidaire (en général, le document est vide et il le remplira après que vous l'aurez signé), en bas à droite. Vous le faites alors et trop tard, sans vraiment avoir tout compris, mais comme un bon et fidèle croyant au dieu-banquier.

C'est seulement après que vous avez signé – souvent à la dernière minute, pressé, dans l'urgence – que vous vous rendez compte, parfois des semaines ou des mois plus tard, que vous vous êtes engagé sur quinze ans dans un crédit qui va vous absorber au moins un bon quart de vos revenus, et que, par les intérêts, vous allez rémunérer la banque au lieu de partir plus souvent en vacances. Ou encore que vous venez de signer une caution qui peut vous ruiner totalement et définitivement si, d'aventure, vous ne parveniez pas à rembourser l'emprunt.

Le temple aux parapluies

La banque est un temple aux parapluies. Le parapluie y est sans doute l'objet fétiche le plus répandu. Il est vrai qu'elle n'est pas la seule entreprise à en faire usage, mais disons que chez elle, c'est une spécialité.

Cette tactique – qui chez les banquiers est non seulement une culture mais aussi une structure – consistant à transférer sa propre responsabilité – technique, aussi dite de la patate chaude que l'on se refile – à un autre que soi y est fortement utilisée.

Les organisations bancaires se font en effet un honneur d'affirmer que le système de décision, notamment en matière de crédit, n'est pas personnalisé pour éviter toute confusion, toute corruption ou toute manipulation affective réciproque entre le banquier et son client.

Ainsi une décision de prêt – du moins pour un montant « hors délégation »[1] – est prise par plusieurs acteurs : le conseiller de clientèle, le directeur d'agence (hiérarchie du premier), le comité des prêts qui rassemble différences instances dirigeantes. C'est pour cette raison organisationnelle, notamment, que les réponses au client tardent quand elles ne se diluent pas définitivement dans les méandres complexes du système.

Si l'on ajoute à ce phénomène de dilution des responsabilités que les directeurs d'agence « tournent » de manière délibérée – environ tous les trois, quatre ans –, que le *turnover* des jeunes conseillers de clientèle (comme tous les commerciaux de cette tranche d'âge) est élevé, que la mise en place de plateformes téléphoniques de téléopérateurs évite tout rapport direct avec le client, il est relativement difficile pour ce dernier d'obtenir une information personnalisée, un conseil adapté, une personne responsable.

Et donc le client se retrouve, comme souvent, désormais, aujourd'hui et quel que soit le secteur d'activité, en permanence, à la recherche d'une écoute, d'un service, d'une réponse.

---

1. Un montant « hors délégation », dans le jargon bancaire, signifie que l'accord de crédit au client ne dépend pas du seul conseiller de clientèle. À chaque strate de la hiérarchie, correspond un niveau de « délégation » d'octroi de prêt à l'emprunteur éventuel, dont le montant maximal est déterminé par l'organisation. Au-delà de ce montant, l'interlocuteur du client doit s'en référer aux instances supérieures.

Une réactivité monomaniaque négative

Pourtant il arrive aux banquiers de vouloir communiquer. On est alors surpris – vu la rareté du phénomène – de les entendre au téléphone.

Votre conseiller de clientèle vient de vous appeler. Tiens, vous constatez que c'est un nouveau ! Encore un ! (Le précédent est resté six mois à son poste.) Il vous informe, sur le ton policé – faussement anxieux surjoué de l'annonce de l'apocalypse –, que l'ancien vient de partir et que vous avez – il prend à ce moment-là une voix encore plus basse et tragique – depuis quelques heures un découvert non autorisé. Qu'il faudrait le rencontrer de toute urgence pour un crédit dit de « restructuration ». Fichtre ! Vous pouvez alors vous sentir, du coup, vous aussi, déstructuré, comme votre compte.

La communication bancaire devient désormais une communication monothématique (on vous appelle toujours pour la même raison) et négative. Monomaniaque, si l'on veut. La réactivité l'est aussi.

Il est de plus en rare, du fait de la dépersonnalisation des relations clients-banquiers, d'avoir spontanément une communication positive de la part du conseiller de clientèle. Il ne vous appelle que lorsque « ça va mal ». Il ne vous appellera pas pour vous conseiller – et pourtant vous auriez besoin de ce conseil averti – un nouveau produit d'épargne bien rémunéré ou tel placement en Bourse. Il ne vous appellera pas pour faire un bilan personnel complet en matière bancaire. Il n'utilisera que très peu sa fonction de conseil. Il ne vous appellera qu'en cas de problème.

Le banquier apparaît ainsi comme un expert de la réactivité négative.

Des produits identiques

Mais qu'est-ce qui fait alors la différence d'un banquier à l'autre ? Pourquoi aller dans telle agence plutôt que dans telle autre ? Qu'est-ce qui distingue, entre elles, les marques bancaires ? Comment fonctionnent, dans ce secteur, la dynamique et l'émulation concurrentielles ?

De l'aveu même des banquiers, tous les produits et services bancaires se ressemblent et se valent. Quelle est donc la différence entre un PEL[1] du Crédit Agricole et celui de la BNP ? Rien, sinon le *packaging* du produit et la publicité spécifique que les établissements en font.

Rien, sinon l'accueil, la communication humaine, la capacité de diagnostic et d'analyse du banquier, sa pertinence dans le conseil adapté et personnalisé, « sur-mesure ». La relation *intuitu personae*.

La valeur ajoutée concurrentielle se situe alors bien là, dans la compétence communicationnelle, dans la relation commerciale, dans la capacité au conseil. Et pourtant que constate-t-on ? Une réduction progressive mais réelle de la communication humaine au profit des machines, une sorte d'automatisation froide du service, une standardisation des relations, une vision *scoring*[2] des problématiques financières.

De plus en plus, des plateformes téléphoniques se développent partout, desquelles des voix impersonnelles, ne fournissant que des renseignements standards sur un ton appris et récité, répondent tant bien que mal aux préoccupations, elles si peu standards, de la clientèle qui reste sur sa faim.

____

1. Plan d'épargne logement.
2. Méthode d'évaluation des risques liés au crédit par notes attribuées à l'emprunteur.

Internet remplace le minitel pour les informations bancaires générales, comme les consultations des comptes. Des distributeurs automatiques de billets permettent d'éviter encore la relation avec le guichetier. Des agences dont l'agencement, si peu « humain », privilégie l'espace des machines et celui des files d'attente à la communication et à la convivialité. Les entretiens en face-à-face se font dans des boxes exigus et en temps limité.

Temps bien compté des conseillers bancaires – ce temps compté que les clients perçoivent quand ils sont en face d'eux –, peu disponibles, car occupés ou préoccupés aussi, souvent malgré eux, par des fonctions administratives de *back-office*, au détriment de l'activité commerciale et de conseil.

Tout paraît ainsi mis en place pour limiter l'activité relationnelle du banquier.

On ne prête qu'aux riches et aux bien portants

Si l'on reprend la définition de Bernard et Colli[1], la banque est une *« entreprise qui fait profession habituelle de recevoir d'un public, sous forme de dépôts ou autrement, des fonds qu'elle emploie pour son propre compte en opérations d'escompte, en opérations de crédit ou en opérations financières »*. Il y a bien dans cette définition du métier de banquier une double activité – un double service à la clientèle – la « collecte (de fonds) » et le « crédit ».

Pourtant, il semble que les banquiers privilégient – notamment avec les particuliers et les PME, et moins (ce qui est éthiquement très discutable) avec les grands groupes –

---

1. Bernard et Colli, *Vocabulaire économique et financier*, Le Seuil, 1976.

davantage la première que la seconde, même s'ils veulent bien, sur gages, par ailleurs souvent démesurés, avec une prudence qui touche parfois à la paranoïa, mettre en œuvre des crédits pourtant bien payés et rentables pour eux.

Pourquoi donc cette frilosité ? Certes, le contexte économique, la croissance aléatoire, l'environnement international tendu, les « ardoises » multiples d'emprunts non honorés qui font aussi l'histoire de la banque de ces dernières années expliquent cette attitude. La complexité du diagnostic du « bon emprunteur », même avec le « crédit scoring »[1], participe aussi de la difficulté de « prêter ».

Mais, du point de vue du client, on a quand même le sentiment qu'il vaut mieux *être riche et en bonne santé* que *pauvre et malade* pour emprunter. Et que, d'une certaine manière, se trouve là tout le paradoxe bancaire : on ne peut emprunter que si l'on est riche (fonds propres pour les PME et résultats, épargne en caisse, bons revenus et garanties hypothécaires possibles pour les particuliers). Mais c'est précisément lorsqu'on manque d'argent – donc quand on est moins riche – que l'on en a besoin. Ce qui fit dire à Mark Twain : *« Le banquier est quelqu'un qui vous prête son parapluie lorsque le soleil brille et vous le retire aussitôt quand il pleut. »*

Cette frilosité du banquier est d'autant plus curieuse que les « ardoises » de banque sont, du moins du point de vue du public, et par la médiatisation récente des « affaires » s'y référant, surtout celles de gros emprunteurs. Et que celles-ci semblent, d'une certaine manière, moins moralement condamnables par le banquier que celles, bien moindres, d'un « petit » surendetté qui n'arrive plus à payer. Voilà qui

---

1. *Ibid.* p. 44.

confirme la formule de John Paul Getty, milliardaire américain : « *Si vous devez cent dollars à la banque, c'est votre problème. Si vous devez cent millions de dollars à la banque, c'est le problème de la banque.* »

Cette « morale inversée » peut inciter à des réactions de violence vis-à-vis de la banque : la « planter »[1] (déposer volontairement le bilan, ne pas payer ses dettes, arnaquer la banque d'une manière ou d'une autre), par exemple, comme prévention violente à ses réactions brutales ou injustes.

Du conseil risqué sur le risque

Il faut le rappeler : les banquiers ont un certain nombre de devoirs. Dont celui de conseil. Notamment en matière de crédit : ils ne peuvent pas, par exemple, prêter ou continuer à prêter à un emprunteur en difficulté financière sous peine de soutien abusif de crédit, ce qui contribue encore à la frilosité que l'on a évoquée et à la pratique ultra précautionneuse de l'analyse du risque.

Mais ce devoir de conseil va aussi aux placements. « *Au-delà du rôle traditionnel qui leur est dévolu, les banques sont en mesure de conseiller les entreprises sur les plans financier, juridique, fiscal et social. Financièrement, les banques sont les mieux placées pour orienter leurs clients vers les modes de financement ou de placement les plus adaptés à la situation concernée* », observe Marc Schinazi[2].

---

1. Terme couramment utilisé par des chefs d'entreprise lorsqu'ils veulent délibérément, par diverses astuces plus ou moins honnêtes, se libérer d'un crédit ou d'une garantie.
2. Marc Schinazi, *Dialoguer avec son banquier*, Nathan, 1992.

Les banquiers sont donc des conseillers du risque. En matière de crédit, de placements, de gestion financière, de Bourse.

Mais encore faut-il qu'ils soient formés à – et doués pour – cette double compétence : technique et psychologique. Car, au-delà des besoins objectifs, le client bancaire, comme tout client d'ailleurs, et quel que soit le produit ou le service à acheter, ressent des besoins – ou exprime des désirs – qui n'ont rien d'objectifs.

L'argent, ce « produit » fantasmatique par excellence, suscite chez les hommes des passions paradoxales diverses – de la rétention « obsessionnelle » à la générosité « hystérique » –, jusqu'aux angoisses les plus noires. Le conseiller de clientèle, en même temps qu'il donne un conseil objectif, doit donc intégrer la dimension parfois névrotique que déclenche chez tout être humain la question de l'argent.

Il doit ainsi prodiguer au client un conseil pointu qui réponde à la fois à ses besoins concrets et techniques (placements, financements) mais aussi psychologiques (besoins de sécurité, de reconnaissance, de communication). Nombre de banquiers sont ainsi aujourd'hui poursuivis en justice pour « mauvais conseil », ce qui ne participe pas, loin s'en faut, à libérer la parole bancaire et à détendre la relation avec les clients.

L'utopie de Saint-Simon

Et pourtant, la banque est, comme on l'a dit, un service incontournable, nécessaire, tant pour les entreprises que pour les particuliers. Il pourrait et devrait être un service utile et agréable.

Commerçants de l'argent, les banquiers fournissent à leurs clients un service de gestion de leur argent – si lourd s'ils le faisaient eux-mêmes ! – et octroient des crédits qui ont permis – et qui permettent encore – le développement économique de la nation. *« Les banques sont des réservoirs d'espèces auxquels le commerce doit pouvoir puiser quand les besoins du travail l'exigent »*, écrivait Isaac Pereire, dans son Principes de la constitution des banques (1865). En cela elles ont toujours une vocation d'accompagnement, de guide – même si on regrette sacrément qu'elles ne le soient pas davantage ! – des entreprises. Claude-Henri de Saint-Simon observait : *« Les banquiers peuvent et doivent être considérés comme les agents généraux de l'industrie. »*[1] Achille Dauphin-Meunier[2] commente les propos de Saint-Simon : *« Vers 1820, Saint-Simon et ses disciples rêvaient de faire de la banque le guide le plus sûr de l'industrie et des échanges. Leur rêve sera bientôt réalité. »*

En effet, la banque a longtemps eu, notamment aux XIXe et XXe siècles, cette noble et vertueuse vocation d'accompagner la création d'entreprise, de financer dans une perspective « gagnant-gagnant » les projets audacieux et prometteurs d'un appréciable et « juteux » retour sur investissement.

Il est bien dommage que la tendance de la banque, certes dans le contexte d'une modernité économiquement fragile et en mouvement, soit encore aujourd'hui au repli sur soi et à la crainte excessive de cet autre incarné par le client. Rappelons quand même que le mot crédit signifie, dans son origine, « confiance ».

---

1. Claude-Henri de Saint-Simon, *Du système industriel*, 1821-1822.
2. *Op. cit.*

Enfin le retour du client

Cela dit, les banquiers prennent de plus en plus conscience – même s'ils n'osent pas en faire encore l'aveu ouvert – de l'ampleur du phénomène contre-commercial produit par leur comportement depuis plusieurs années. Ce phénomène étant renforcé par le fait, vaguement immoral, que les banques ont gagné ces dernières années autant d'argent, sinon plus, par les placements des ressources sur les marchés financiers que par leur poste clients.

Aussi, aujourd'hui, les services de formation des grandes banques lancent-ils, pour sensibiliser les personnels à la « culture du client », des actions d'envergure à dimension comportementale à propos de l'accueil, notamment téléphonique, de la négociation « gagnant-gagnant », de la gestion courtoise des conflits et des situations difficiles avec la clientèle, des techniques de fidélisation commerciale. Ces actions annoncent peut-être une modification des cultures bancaires et « le retour » tant attendu du client. On apprend ainsi aux participants de ces séminaires les « fondamentaux » de la relation commerciale : sourire, même au téléphone, rechercher systématiquement la satisfaction du client, apprendre à dire non sans provoquer l'agressivité de l'interlocuteur en prodiguant des solutions de rechange et des conseils justes, mais aussi savoir dire oui, communiquer régulièrement avec ses clients même s'il n'y a pas de problème à résoudre.

Ces actions de formation adviennent bien à contre-culture du comportement du vendeur bancaire de ces dernières années. Celui-ci s'étant caractérisé – mais cette attitude ne fut pas exclusivement bancaire – par un suivi négligent du client, voire un évitement du client, une recherche de l'intérêt de la banque avant tout, un principe de prudence systématique, poussé parfois jusqu'au non-sens.

La banque des projets

On se plaît donc aujourd'hui encore, comme Saint-Simon, à rêver, pour demain, d'une banque qui accueillerait les clients avec un *a priori* de bienveillance, même si le commerce de l'argent ne peut pas tomber dans l'angélisme et exclure totalement la défiance.

On se plaît à rêver d'une banque qui saurait créer un climat de convivialité commerçante, même si le métier, certes, exige sobriété et discrétion.

On se plaît à rêver d'une banque qui traiterait les transactions avec ceux qui les font vivre sur un mode « gagnant-gagnant », même si la banque est aussi une entreprise, avec un compte d'exploitation dont les résultats doivent être positifs.

On se plaît à rêver d'une banque intelligente, pertinente, parfois empathique, en tout cas ouverte, curieuse, « conseillère », tournée vers le service, c'est-à-dire vers autrui.

On se plaît à rêver d'une autre banque qui accompagnerait l'entreprise, l'esprit d'entreprise, qu'elle soit individuelle ou collective.

Déjà Zola[1] la décrivait, par le biais du roman, en des termes plutôt dynamiques : *« Notre Banque Universelle, mon Dieu ! elle va être d'abord la maison classique qui traitera de toutes affaires de banque, de crédit et d'escompte, recevra des fonds en compte courant, contractera, négociera ou émettra des emprunts. Seulement, l'outil que j'en veux faire surtout, c'est une machine à lancer les grands projets de votre frère. »*

---

1. Émile Zola, *L'Argent*, 1891.

Une banque qui enfin accomplirait le rêve de Saint-Simon, celui d'une banque d'accompagnement et de propulsion des projets individuels et collectifs !

Chapitre 3

Grande distribution : le grand cirque

Ou... Comment l'auteur relut *Les Choses*[1] de Georges Perec tout en faisant ses courses.

> *« C'était un désir fou, maladif, oppressant, qui semblait gouverner le moindre de leurs gestes. La fortune devenait leur opium. Ils s'en grisaient. Ils se livraient sans retenue aux délires de l'imaginaire. »*
>
> Georges Perec

---

1. Georges Perec, *Les Choses*, Julliard, 1997 (septembre 1985 - nouveau tirage janvier 2001).

À la caisse

La scène se déroule à la caisse d'un supermarché. Longue file d'attente.

LE CLIENT 1 (A) : Bonjour. *(Aucune réponse.)*

LE CLIENT 2 (B) *(la toux impatiente)* : Hum… hum…

LE CLIENT 3 (C) : *(Silence lourd.)*

LA CAISSIÈRE (D) *(l'air ennuyé, le regard vers la caisse)* : B'jour… C'est à vous ça ?

A : Quoi ?

(Un temps.)

D : Le saucisson sec !

A : Ah non ! Ce doit être au monsieur qui vient de partir… Je ne mange pas de porc !

D *(tentant un peu d'humour et mettant le saucisson de côté)* : C'est bon pourtant le porc…

A : J'aime pas ça…

D : Alors… vous, c'est ça ? *(Elle montre les produits alignés sur le tapis roulant.)*

A : Moi, c'est ça ! À partir des bouteilles de lait… Dites-moi, le lait pour les enfants, il faut le prendre pasteurisé ou stérilisé ?

D : J'sais pas ! J'suis pas docteur… *(Un temps.)* Zut ! Le code-barres ne passe pas ! *(À la caisse voisine.)* Ginette ! Ça coûte combien le ketchup ? trois euros douze ? OK !

B *(craquant)* : Excusez-moi, mais je n'ai pas beaucoup de temps ! Ça fait déjà dix minutes que j'attends.

C : Ici c'est le dernier salon où l'on cause… ils feraient mieux d'ouvrir une autre caisse.

A : On ne parle pas, d'abord ! On s'organise !

D *(s'adressant à C, le regard toujours vers le bas)* : Faut en parler à la direction, M'sieur. Moi j'y peux rien. Ils veulent maintenant nous remplacer par des robots…

A : Ça serait pas marrant !

B : Mais plus rapide !

D : Mettez les marchandises dans le sac. Pour les bouteilles d'eau, il vaut mieux doubler le sac. Ils sont fragiles, ces sacs.

A : C'est encore pour faire des économies…

C : Ils craquent à la poignée !

B *(soudain paniqué)* : Mince, J'ai oublié la lessive ! Vous permettez ? je vous laisse le caddie et je reviens !

C *(écartant violemment le caddie)* : J'ai pas que ça à faire… Qui va à la chasse…

D *(imperturbable à A)* : Glissez donc votre carte dans l'appareil…

* * *

La solitude de fond du consommateur urbain

Un des espaces sociaux incontournables de l'urbanité moderne et postmoderne, un des hauts lieux, s'il en est, du service, c'est, tout le monde en conviendra, le supermarché. On y vient – aussi – par plaisir. « Je m'ennuie, je vais au supermarché », peut-on parfois se surprendre à penser.

L'atmosphère y est bruyante, festive, voire foraine. Dans tous les cas, distrayante. Parfois trop. Jusqu'à l'anesthésie du sens critique. La surluminosité envahit l'espace. La lancinante musique d'ambiance (« musak[1] ») est interrompue par

---

1. Dans le jargon professionnel, ce terme, du nom de la société qui produit ce type de production « à la chaîne », désigne la musique d'hypermarché à « tubes » légèrement arrangés ou déformés pour éviter de payer les droits d'auteur. Certains hypermarchés ou super diffusent une musique originale.

53

des « spots » publicitaires sonores, par des interviews de stars de la télé, à la radio de l'hyper, qui vantent les yogourts *Régénérescence*[1] ou par « l'animation sur les lieux de vente » (vendeurs-camelots en train de proposer des échantillons d'emmenthal ou de saucisson sec un peu suintants).

Le supermarché, c'est un univers organisé, balisé, certes aliénant, mais sécurisant aussi, d'une certaine manière, en tout cas propice et incitateur à toutes les consommations. Il remplit cette fonction : rompre la course solitaire de fond du consommateur urbain, dont on peut penser qu'elle contient de plus en plus – air du temps et pression citadine obligent – une part de tragique existentiel.

La visite d'un supermarché peut donc être alors aussi considérée à la fois comme le symptôme et la libération provisoire (et illusoire) d'une dépression de celui qui s'y rend. Non seulement parce qu'il permet à ce dernier une discrète mais jouissive compulsivité des achats, mais aussi parce que l'endroit se révèle anxiolytique par la mise en scène gaie qui s'y déploie, par le spectacle coloré qui y est montré, par le frôlement à la fois agaçant et réconfortant d'une humanité sans visage.

Le supermarché serait ainsi, osons l'image, un cirque marchand sur fond de tragique ontologique.

---

1. Marque de yogourt proposée par l'auteur aux industriels du secteur. Il en attend les royalties.

« Dans ville (vous l'aurez noté), il y a vie »

Sans doute le supermarché relève-t-il du rêve : le consommateur y pousse robotiquement un chariot de plus en plus rempli, presque à son insu, se dirigeant à l'aide d'une signalétique qui conditionne sa conscience, à travers des couloirs de rayons labyrinthiques à n'en plus finir et qui le « saoulent ». S'il y a « libre-service », il n'y a pas libre arbitre.

Le client est conduit ainsi malgré soi (même s'il avait noté préalablement la liste de ses courses sur un petit carnet) vers des « choses »[1], au sens où l'entendait Perec, objets magiques, désirables, fétiches, nombreux et variés, qui dansent pour lui, toujours formidablement éclairés, marchandises splendides étalées, qui vont le « dé-placer » hors du temps objectif. Il est alors ailleurs. Il se promène aussi dans sa tête.

Le supermarché conduit toujours à une promenade intérieure, à un rêve déambulatoire. Il nous sort de la vie morose pour une vie en rose, de la vie patraque à une vie en toc. C'est le premier des services qu'il propose. Le caddie est en effet plus joyeux que les fenêtres des écrans de l'e-commerce (où l'on peut faire aussi, et d'une autre façon, dans un autre rapport au monde et au temps, ses achats).

En même temps qu'il divertit, qu'il fait diversion quant à la vie du dehors, c'est son ambivalence, le supermarché se prétend la vie même. « C'est la vie même »[2], rappelle une publicité d'un des leaders du secteur. « On y revient »[3], comme l'annonçait, il y a quelques années, un autre. Dans

---

1. *Op. cit.*
2. Slogan d'Auchan.
3. Slogan de l'ex-Félix Potin.

ces lieux éminemment « thérapeutiques », « on positive »[1], comme le scande le n° 2 mondial[2]. « Dans ville, il y a vie »[3], explique encore un autre groupe.

Les supermarchés sont donc là pour nous soigner. *L'architecte de Beaubourg[4], Richard Rogers, disait à propos du Centre Pompidou : « Étourdi par la multiplicité des activités, on lui reproche parfois son aspect supermarché. La comparaison ne me gêne guère. Un supermarché est toujours plus animé qu'un musée. »*

Heureusement, donc, que les supermarchés sont là pour juguler les tentations de la déprime urbaine, de la solitude citadine ! Et rappeler à la vie ! La vie même. La vraie vie. Celle de l'intérieur… du supermarché ! Les supermarchés se démarquent ainsi des musées, morts par définition. Les supermarchés animent et réaniment.

La solitude, comme dit la chanson, ça n'existe pas.

Du cirque, des choix, des prix

Selon la définition de l'INSEE[5], les entreprises de supermarchés *« comprennent le commerce de détail non spécialisé à prédominance alimentaire, réalisant plus d'un tiers de leur chiffre d'affaires dans la vente de produits alimentaires, en magasin d'une surface de vente comprise entre 400 m² et*

---

1. Slogan de Carrefour.
2. Carrefour-Promodes. En CA, 1998, source INSEE.
3. Slogan de Monoprix.
4. Extraits d'entretiens avec Renzo Piano, *in* Alix Brijatoff, *L'espace du désir*, LMP, 1999.
5. INSEE, *Le commerce en France*, 2003-2004.

2 499 m^2 »[1]. *Il y a ainsi en France près de 5 000 supermarchés et hypermarchés, avec 500 000 employés environ pour un chiffre d'affaires global de 140 milliards d'euros HT*[2]. Ces chiffres indiquent l'importance économique du secteur.

Ces établissements ont été fondés, dans les années 1960 selon les préceptes du consultant Bernardo Trujillo[3] : *« Faites du cirque en permanence, empilez haut et vendez à prix bas, les pauvres ont besoin de prix bas – les riches adorent les prix bas –, no parking-no business. »* C'est autour de ces concepts simples – « cirque », choix et prix –, mais terriblement efficaces, que les organisations de super et hypermarchés se sont construites et développées.

Notons qu'à la même période, l'écrivain situationniste Guy Debord[4], auteur de *La société du spectacle*, brossait ce terrifiant portrait du consommateur moderne : *« L'aliénation du spectateur au profit de l'objet contemplé s'exprime ainsi : plus il contemple, moins il vit ; plus il accepte de se reconnaître dans les images dominantes du besoin, moins il comprend sa propre existence et son propre désir. »*

La société spectaculaire-marchande

Trois types de consommateurs seraient ainsi concernés par ces « super-souks », pourtant on ne peut plus occidentaux (le premier supermarché « Mohican » fut créé à New York

---

1. *« Les entreprises d'hypermarchés comprennent le commerce de détail non spécialisé à prédominance alimentaire, réalisant plus d'un tiers de leur chiffre d'affaires dans la vente de produits alimentaires, en magasin d'une surface de vente égale ou supérieure à 2 500 m^2. »*
2. Source INSEE pour l'année 2000.
3. Cité par Christian Jacquiau, *Les coulisses de la grande distribution*, Albin Michel, 2000.
4. Guy Debord, *La société du spectacle*, Buchet Chastel, 1967.

en 1896), des centres-villes ou de leur périphérie (pour les hypers) : ceux qui – nommons-les « les solitaires » – y viendraient pour chercher un peu d'humanité de la promiscuité humaine, mais sans excès de communication (pour le moins) et avec quelques produits achetés en sus (ouf, enfin de la vie palpable, par rapport notamment à la relation passive et virtuelle du e-achat !), ceux qui – nommons-les « les utilitaires » – s'y rendraient pour faire leurs courses (quelle platissime banalité !), ceux enfin, sans doute majoritaires – nommons-les « les solitulitaires » –, dont les motivations formeraient un combiné de celles des deux premiers types.

Ce service, bien inscrit dans la « société spectaculaire-marchande », selon la formule de Debord[1], aurait ainsi, comme pour tout commerce, mais c'est encore plus flagrant ici, une double vocation fondamentale : répondre à des besoins de consommation courants – alimentaires, surtout – et, en même temps, être un espace ludique et gai de distraction, au sens pascalien du terme.

En outre, le supermarché présente aux clients un choix varié de produits, à tous les prix[2], avec des promotions permanentes, que le petit commerce, faute de volume de stockage, ne peut pas offrir.

Mais le supermarché, c'est aussi, quelle que soit son appartenance à une catégorie sociale, même pauvre, l'occasion rêvée pour tout un chacun de « faire du business ».

---

1. *Op. cit.*
2. Les trois premiers critères de motivation pour les clients des hypermarchés seraient : le prix, les achats groupés, le choix. Jean-Claude Tarondeau et Dominique Xardel *in La distribution*, PUF, 1995.

Rien ne va plus !

Le supermarché se révèle en effet « festif » dans la loterie des tarifs et des promotions diverses. Il est – et plus encore l'hyper – une manière de casino : on peut y gagner le gros lot. Il y a des promotions sur tout et tout le temps. Le client en est le joueur. Il participe activement au spectacle.

Michel-Édouard Leclerc[1] explique : *« Les lessives, les crèmes de beauté, les batteries pour voiture ou les bouteilles de whisky se vendent par lots, avec du produit en plus, gratuit. Il n'y a jamais eu autant de promotions. Tout le monde en raffole. Les consommateurs rentrent dans les hypermarchés, prospectus en main, pour profiter au maximum des opportunités qui leur sont offertes. Jamais les services marketing des industriels et des distributeurs n'ont autant fait preuve d'imagination pour développer des formules de bons d'achat, de tickets ; de points, de carte de fidélité. »* Et puis le consommateur s'y sent « libre », comme dans la salle des machines à sous, libre comme « libre-service », concept central organisationnel et stratégique des supermarchés.

L'absence de vendeurs – et donc, paradoxalement, de service, au sens de « prise en charge du client » par une personne, lui fait croire à une forme de liberté (de mouvement, de choix) que les magasins traditionnels ou les petits commerces – pour ce qu'il en reste – ne permettent pas. Le chaland joue, comme on retourne en enfance, et il est libre, voire libéré, délivré du maternage commercial pesant, du joug des parents-vendeurs.

On va aussi au supermarché, comme au casino, pour se sentir libre.

---

1. Michel-Édouard Leclerc, *Du bruit dans le Landerneau*, Albin Michel, 2004.

Une liberté fléchée

Il y a bien, en effet, associé au concept de supermarché, un principe de liberté, concept qui attire le consommateur, mais trompeur, on l'aura deviné, car il s'agit bien d'une liberté « fléchée » par des experts en marketing.

Le supermarché autorise et provoque, dans un temps donné et à l'intérieur d'un espace organisé pour cela, une forme de jouissance immédiate, voire compulsive – une liberté névrotique –, du consommateur, par petits actes saccadés : « Je regarde, je touche, je palpe, j'évalue, je prends, je dépose dans le caddie, j'achète », stimulée par une atmosphère fortement théâtrale.

En 1883, Zola, dans *Au bonheur des dames*, écrivait déjà à propos des grands magasins : *« Nous attirons toutes les femmes et les tenons à notre merci, séduites, affolées devant l'entassement de nos marchandises, vidant leur porte-monnaie sans compter ! »* Car tout supermarché est une scène magnifique et généreuse, une scène illuminée, sur laquelle jouent, scintillent pourrait-on dire, sous les *sunlights*, des acteurs interdépendants, « choses » ou humains, étoiles, *stars*, que sont les produits et les clients.

Le consommateur « choisit » ainsi les produits dans les rayons – les gondoles[1] – et il sera sans doute, s'il n'y prend garde, la victime consentante des accords commerciaux préétablis entre les fournisseurs et les distributeurs. Ceux-ci sont les résultats de négociations de type compétitives (et non pas coopératives), où les fournisseurs sont (fortement) « pressés » (et stressés) pour augmenter les marges des distributeurs, en contrepartie de prix et de places de choix dans les rayons.

---

1. Étagères pouvant contenir et exposer les produits.

Le client sera ainsi fasciné et capté – capturé, même – par les produits phares promus en « tête de gondole ». *« Un produit en tête de gondole et c'est le doublement du chiffre d'affaires assuré »*, observe Christian Jacquiau[1] dans *Les coulisses de la grande distribution*. Le consommateur s'arrêtera, encore une fois s'il n'y prend garde, à chaque « stop » jaune fluorescent qui lui signale un produit : *« Sur ce support magique*, note encore Christian Jacquiau, *sont indiqués, en caractère de grande dimension, la désignation de l'article et son prix. Ce bout de carton déclenche inéluctablement un réflexe d'achat chez nos semblables. Entre un rayon en disposant et un rayon qui n'en serait pas pourvu, il a été constaté un écart de volume de ventes allant du simple au double. »*

L'étal ment des choses

Le client est ainsi conduit, malgré lui, à travers un parcours scénique, stratégiquement pensé par les distributeurs. L'impératif catégorique, c'est qu'il doit être séduit. Il faut provoquer en lui l'envie. Le désir d'achat.

Il commencera, sans toujours en avoir conscience, par une visite au rayon des fruits et légumes – qu'il déposera dans un sac plastique puis qu'il pèsera (quand la machine à sacs plastique est rechargée). Les étals bien présentés du rayon primeurs ressemblent à l'univers décrit par Perec[2] : *« C'était des caisses, des cageots, des couffins, des paniers, débordant de grosses pommes jaunes ou rouges, de poires oblongues, de raisins violets. C'étaient des étalages de mangues et de figues, de melons et de pastèques, de citrons, de grenades,*

---

1. *Op. cit.*
2. *Op. cit.*

des sacs d'amandes, de noix, de pistaches, des caissettes de raisins de Smyrne et de Corinthe, de bananes séchées, de fruits confits, de dattes sèches jaunes et translucides. »

Ce rayon des primeurs est tout particulièrement éclairé, la mise en scène y est soignée : *« Dans ce rayon, le but consiste à mettre en valeur la fraîcheur des produits et à conforter le client dans ses convictions associant fraîcheur et santé. Les légumes et les fruits doivent respirer visuellement le "frais cueilli". Pour obtenir ce résultat, il faut que le vert soit franc et les autres couleurs bien tranchées grâce à un excellent rendu des couleurs. La tonalité sera ou neutre ou chaude pour offrir une présentation réaliste et flatteuse »*, notent les auteurs de *Hyper, ton univers impitoyable*[1]…

Puis le chaland ira au rayon du traiteur, toujours autant mis en valeur : *« Il y avait des charcuteries, temples aux mille colonnes aux plafonds surchargés de jambons et de saucisses, antres sombres où s'entassaient des montagnes de rillettes, des boudins lovés comme des cordages, des barils de choucroute, d'olives violacées, d'anchois au sel, de concombres doux »*, poursuit Perec.

Les produits sont des chanteurs : « primeurs et saucisses academy ! » Comment résister à ce « spectacle de l'envie » ? Comment résister à l'envie de dévorer le spectacle ? Le supermarché, c'est la « grande bouffe ».

Scènes appétissantes, parfois orgiaques, qui, par les yeux, donnent l'eau à la bouche et font vibrer le porte-monnaie.

---

1. Paul Vacca, Paul Boulant, *Hyper, ton univers impitoyable…*, Alternatives, 1994.

De la gondole à la galère

Mais ce parcours, qu'on lui a conçu, cette mise en scène dont il est l'acteur involontaire, peut vite devenir pour le client, s'il lui reste un brin d'esprit critique, celui du combattant.

Il terminera sa visite par le rayon des produits ménagers en passant par un dédale de rayons dont la signalétique nécessite, même pour celui qui n'est ni myope ni distrait, une intense concentration.

Il pourra être ainsi vite prisonnier de la « toile », enfermé dans ce que Vacca et Boulant[1] nomment la « stratégie de l'araignée » : « *On remarquera que les allées dans le fond du magasin (là où on trouve l'alimentaire et les produits de première nécessité) sont larges comme des avenues alors que lorsqu'on se rapproche des caisses (là où se trouvent le textile et les produits "superflus") les allées se rétrécissent et donnent l'impression d'être des chemins vicinaux. C'est ainsi que l'hyper nous retient dans les zones où nous serions tentés de passer plus rapidement. On se fait plus facilement prendre dans une toile quand la maille est serrée.* »

Au supermarché, le sentiment de claustrophobie pénètre alors la tête du client. Il n'est pas loin de hurler. Le supermarché devient une toile d'araignée.

L'absence de conseil

Le client est seul au monde. Pris dans la toile. À nouveau seul. Plus que jamais. Certes, diverti. Mais encore plus seul qu'il n'est rentré. Il voulait échapper à la solitude en entrant

---

1. *Op. cit.*

dans le supermarché, il est désormais seul face au produit. Aux produits variés. À la multitude de produits. Choisir, ce n'est pas être diverti, mais averti.

Et c'est là que le bât blesse. Il se retourne. Il cherche. Pris de panique. La liberté a ses limites. *Help !* Il cherche un vendeur. Il cherche un conseil. Personne. Il jauge l'environnement humain : que des clients errants, poussant mécaniquement leur chariot, dans la surface immense. Paysage tout d'un coup à la Fritz Lang. Le supermarché est à la fois populeux et désertique. Personne pour le renseigner.

Pour laver son linge, le consommateur va-t-il choisir une poudre ou un chlore ? On songe au décryptage des sélections de lessives par Roland Barthes[1] : « *Dans l'imagerie Omo, la saleté est un petit ennemi malingre et noir qui s'enfuit à toutes jambes du beau linge pur, rien qu'à la menace du jugement d'Omo. Les chlores et les ammoniacs sont sans aucun doute les délégués d'une sorte de feu total, sauveur mais aveugle : les poudres sont au contraire sélectives, elles poussent, conduisent la saleté à travers la trame de l'objet, elles ont une fonction de police, non de guerre.* » Pas de vendeur conseil. Pas de vendeur du tout. Pas de réponses aux angoisses sémiologiques.

Mais où se trouve donc l'eau de Javel ? Le dessert chocolaté tant prisé des enfants ? Le rayon des congelés ? La mayonnaise ? Les yaourts bio ? Le client est en face de trois vinaigres de cidre dont les prix semblent presque identiques. Quelle est la différence entre tous ces laits ? Il aimerait qu'on lui indique les rayons, qu'on lui conseille le meilleur produit ou celui qui est adapté à son besoin, le meilleur rapport qualité-prix.

---

1. Roland Barthes, *Mythologies*, Le Seuil, 1957.

Dans cet enfer du spectacle, dans cette hystérie des marques, il a soudain besoin de vérité, de réflexion, de choix véritables. Il rêve de communication. Il rêve de rencontrer quelqu'un « qui sait », ou dont on pense qu'il sait, et surtout « qui parle ». Il rêve d'une écoute éclairée, professionnelle.

Il peut toujours attendre !

Le client : quatrième priorité

Seule à l'horizon, représentant le magasin : la caissière, en général débordée – seule représentante visible de l'espèce humaine en relation avec le public, incapable de renseigner les clients (ce n'est d'ailleurs pas son métier) –, s'ils l'interrompent dans sa tâche absorbante.

Elles sont là, les caissières. Chacune à sa place. Hôtesse de caisse, lit-on sur leurs fiches de paie. Parfois, lorsqu'on découvre qu'elles ont une voix[1] (car elles sont souvent muettes), c'est pour les entendre se plaindre des cadences, ou évoquer, à la collègue d'à côté, la fin proche et libératoire de la journée.

Les sourires sont rares. Le « SBAM » (Sourire, Bonjour, Au revoir, Merci[2]), est très généralement en perte de vitesse. Les visages sont fermés et vous regardent peu. Elles ont l'œil sur le tapis roulant (priorité 1), sur les produits

---

1. L'auteur a une tendresse particulière pour les caissières. C'est bien l'organisation qui produit ce comportement et non pas la personnalité intrinsèque de ces charmantes personnes (voir plus loin).
2. Code des bonnes manières de la grande distribution.

(priorité 2) et sur l'écran de la caisse enregistreuse (priorité 3). Elles se confondent avec leurs machines[1]. Le client est leur quatrième priorité.

Cette parcimonie d'ouverture à autrui, et en l'occurrence au client, est aussi explicable par l'interaction tendue, parfois conflictuelle, avec les clients énervés, qui trépignent dans les longues files d'attente et qui ne manquent pas, dans ce brutal retour au réel (que la caisse et les caissières incarnent), d'agressivité à leur égard. Ils leur font « payer » l'attente et la fin du rêve.

Réifiées, agressées, elles réifient – et parfois agressent – le client. *« Du fait de l'apparition des codes-barres, son rôle actif s'est réduit comme peau de chagrin et la nécessité d'être toujours rapide ne lui laisse pas le temps d'exercer son sens de la convivialité »*, expliquent, à propos de la caissière, les auteurs de *Hyper, ton univers impitoyable*[2]…

L'enfer des caisses

« Pour gagner du temps, et donc en productivité, on a simplifié et réduit à son strict minimum le nombre gestes que ces jeunes esclaves doivent accomplir », explique encore Christian Jacquiau[3]. Il faudrait, un jour, sans conteste, s'interroger sérieusement sur la qualification et la rémunération de ces personnels.

---

1. Pour des raisons de rentabilité mais aussi pour éviter la confrontation négative avec le client, il est de plus en plus question de remplacer les caissières par des caissières électroniques.
2. *Op. cit.*
3. *Op. cit.*

Et le rêve du consommateur s'échoue à ce moment, précisément, sur cet aride principe de réalité : la caisse où, après le rêve, il faut payer. Souvent cher, car on n'a pas fait attention. On a voulu prévoir. Trop. Le rideau tombe. Le show se termine sur une addition. Salée.

Mais ce n'est pas tout : le client va (encore) « travailler »... Les gestes non accomplis par la caissière, c'est le client qui va les faire. Le concept de libre-service se décline jusqu'au bout. Non seulement le client se sert, mais il dessert aussi.

Pour cela, il doit accomplir *sept gestes* : le premier consiste à attendre son tour dans l'une des files, le second à retirer ses « choses » du caddie et les poser sur le tapis roulant, le troisième à les déposer dans un sac en plastique (pas toujours très solide, à moins d'acheter les payants), le quatrième à payer (désormais on glisse sa carte bancaire soi-même dans l'appareil idoine et, éventuellement, on présente sa carte de fidélité), le cinquième à ranger le caddie pour se faire rembourser la pièce qui a permis de le prendre, le sixième à emporter les paquets (à moins d'utiliser le service livraison), chargé comme un mulet, et emprunter les portes coulissantes automatiques de sortie, le septième (s'il y a lieu) à aller au parking. Il est décidément laborieux d'être consommateur aujourd'hui. Inutile de dire que si l'on a oublié le beurre, on est bon, à moins de négocier sa place avec le client de derrière, pour recommencer l'opération.

Il y a d'autres pays – comme aux USA ou au Japon – où l'on n'a pas à chercher une pièce de monnaie pour prendre un chariot. On vous emballe vos courses en triant vos produits par catégories : fragile, frais. On paie par carte de crédit et l'on vous donne l'appoint en espèces si vous avez besoin de *cash*. Les magasins sont souvent ouverts de 8 heures jusqu'à 23 heures, et un grand nombre le sont 24 heures sur

24, notamment le week-end. Il y a donc bien moins de *rush* – et moins de files d'attente – le vendredi soir ou le samedi matin.

Le retour au service

Mais ne soyons pas négatifs. On peut quand même entrevoir des changements. Tout n'est pas noir. La grande distribution prend en compte – ou habilement récupère, elle en a l'habitude – les dysfonctionnements, les effets pervers qu'elle met en place, les évolutions sociologiques. Elle se remet aussi en question.

Déjà, on revient au supermarché à taille humaine qui reprendrait le concept du marché traditionnel. Certains hypermarchés utilisent désormais, dans leur marketing et dans l'organisation de leurs espaces, ce concept de retour au petit commerce. Le marché traditionnel – même s'il n'en est qu'une représentation analogique – revient en force au sein de l'hypermarché postmoderne. Par ailleurs, la supérette de taille humaine fait recette. Voire la mini-supérette. Parce qu'elles permettent un contact plus convivial entre le vendeur et le client.

Ouverts tard le soir, le dimanche et les jours fériés, les épiciers djerbiens ou chinois, implantés au cœur des cités, face aux géants de la distribution, font paradoxalement référence, comme un pied de nez à tous les plans marketing d'avant-garde : certes le choix y est limité et les légumes, sur les étals, ne sont pas toujours de la première fraîcheur, mais il y subsiste une disponibilité du commerçant, une proximité par rapport au domicile, une philosophie du « dépannage » et, parfois encore, un sens de l'accueil.

D'ailleurs la grande distribution et ses grandes chaînes capitalistes veulent utiliser le concept et exploiter le phénomène : « *Comme le loup a un penchant pour le Petit Chaperon rouge, la grande distribution est en train d'intégrer "les Arabes du coin". Franchise pour les uns, accords exclusifs d'approvisionnement pour les autres, 12 000 épiceries de proximité, représentant 40 % des boutiques de quartier, ont déjà été phagocytées. 18 000 restent à conquérir* », observe Christian Jacquiau[1].

Smiles

Soyons justes : la principale qualité de la grande distribution demeure sa capacité d'innovation. Et celle-ci porte sur le service.

Elle a historiquement, déjà, créé un certain nombre de services au client pour le conquérir et le fidéliser : le choix diversifié par l'assortiment proposé, l'information sur la situation des rayons et les promotions, l'utilisation systématisée du code-barres pour faciliter et accélérer le paiement, des systèmes efficaces de livraison à domicile, l'ouverture en nocturne, le dimanche et certains jours fériés, les crédits à la carte et les cartes de crédit, les cartes de fidélité à l'instar de celles des compagnies aériennes de type « miles » à collecter pour obtenir réductions ou cadeaux. Une des dernières cartes de fidélité sorties sur le marché est nommée par un distributeur[2] : « s'miles » (jeu de mot avec *miles* et *smiles* – sourires). Et la recherche en marketing continue.

---

1. *Op. cit.*
2. Monoprix.

Mais le souci du client, dans le respect de sa personne et pas seulement comme consommateur compulsif, paraît insuffisant. On rêve d'innovations dans la relation humaine.

Imaginons...

On pourrait imaginer un accueil systématique, incarné par une personne souriante et informée, à l'entrée des super-marchés : celle-ci indiquerait aux clients, à leur demande, les « affaires » du jour et l'organisation de l'espace.

On pourrait imaginer une grande carte de l'hyper, visible par tous ou fournie sous forme d'un dépliant, sans manipu-lation dans l'orientation du client, et une signalétique des rayons, claire et rapidement compréhensible.

On pourrait imaginer des conseillers à l'achat, à l'instar de ceux que l'on rencontre dans la distribution de la vidéo, de l'informatique ou du livre, qui seraient disponibles pour répondre aux questions.

On pourrait imaginer des responsables de rayons visibles qui puissent eux aussi répondre aux questions, quand il le faut, et gérer ou anticiper les litiges, s'il est nécessaire, « en direct » avec des clients insatisfaits.

On pourrait imaginer de grands tableaux synoptiques et pédagogiques informant le consommateur – dans un contexte de « mal-bouffe » et de « bouffe à risque » – sur l'origine des produits vendus (la fameuse « traçabilité »), sur les différents labels (rouge, bio, viande du Limousin, AOC, etc.), sur les modes de conservation, sur le mode d'emploi et de compréhension des étiquettes.

On pourrait imaginer des rayons spécialisés dans les pro-duits pour enfants – qui sont de grands prescripteurs de marques –, et des aires de jeu qui leur sont consacrées, pour libérer les parents.

On pourrait imaginer encore un climat interne général un petit peu plus serein et moins dans la pression de la vente coûte que coûte, davantage *win-win* avec le client, de la même façon qu'on pourrait imaginer des relations plus coopératives entre le distributeur et ses fournisseurs.

On pourrait imaginer des rencontres directes avec les chefs de rayon des primeurs, du traiteur ou de la boucherie, comme avec celui du jardinage. De la même manière qu'on aime dialoguer avec son boucher ou son boulanger de quartier, dans une relation personnelle, pour qu'il nous conseille à propos du bœuf et du pain. D'ailleurs, un commerçant invisible et muet devient un commerçant suspect.

On pourrait imaginer des caissières souriantes ou, si l'on doit y arriver, des technologies simples les remplaçant. On pourrait imaginer, enfin, un service après-vente organisé, réactif, efficace et bienveillant.

Le client : une idée neuve

Il faudrait donc, en réalité, rendre un peu plus visible au consommateur cette armée invisible que constitue le personnel d'un super ou d'un hypermarché. La transparence n'est pas seulement informationnelle, elle est aussi humaine.

Mais le retour du service innovant au client a, ici et là, déjà lieu dans les faits. Progressivement. On peut l'espérer en tout cas. *« Depuis mars 1999*, observe Christian Jacquiau, *stationnent sur le parking des magasins Casino de Toulouse, Saint-Raphaël et Aix-en-Provence de petits véhicules électri-*

ques, importés tout droits des États-Unis. Ils sont destinés à raccompagner, leurs emplettes terminées, les consommateurs jusqu'à leur domicile. »[1]

Ainsi nuance-t-on le principe de libre-service ou le fait-on évoluer. Non pas par philanthropie, mais aussi par intérêt : *« Il a été observé que les passagers de ces drôles de machines consomment en moyenne deux fois plus que les autres clients de ces magasins.* »[2]

Ainsi, le service – l'attention – au client est-il rentable. Et il ouvre d'immenses perspectives commerciales : *« Le système,* poursuit Christian Jacquiau, *qui pourrait être étendu, vient encore de s'améliorer. Désormais, sur un simple appel téléphonique, un chauffeur vient cueillir le consommateur au pied de son immeuble.* »

Ici encore, comme dans d'autres secteurs économiques, resurgit une notion ancienne, mais qui se révèle être aujourd'hui un concept révolutionnaire. Cette idée neuve, c'est le client.

---

1. *Op. cit.*
2. *Idem.*

Chapitre 4

L'hôpital passionnément !

Ou… Visite émue de l'auteur, mais néanmoins lucide, d'un service public particulier auquel, comme tout le monde, il est particulièrement attaché.

« L'hôpital n'est pas fait pour les chiens. »

Proverbe français

Aux urgences !

Le patient est emmitouflé dans un manteau sombre, l'air un peu hagard. Il semble avoir froid. Il attend dans la salle d'attente. Il est soudain appelé et conduit dans une salle de consultation. Un médecin le reçoit.

LE MÉDECIN *(crispé)* : M. Pernod !

M. PERNOD *(l'air un peu accablé)* : Oui, docteur, c'est moi !

LE MÉDECIN : Asseyez-vous ! *(Pernod s'assoit en face de lui.)* Qu'est-ce qui vous amène donc ici ?

M. PERNOD : L'inquiétude… docteur… L'inquiétude…

M : Quoi ?

P : L'inquiétude !

(Long silence tendu.)

M *(soudain furieux)* : Monsieur, je ne traite pas l'inquiétude ! Ce n'est pas une urgence ! Ce n'est pas une maladie, ça, l'inquiétude ! Je traite des maladies réelles ! Reconnues ! I-den-ti-fiables ! Vous comprenez ? I-den-ti-fiables !

P : Par qui ? Reconnues par qui ?

M : Mais par moi, Monsieur ! Par la science ! Par la médecine !

P : Ah !

M : Oui…

B : Et comment savoir ce qui dépend de la médecine et ce qui n'en dépend pas ?

M : Sachez en tout cas que je ne suis ni nounou ni fakir. Je suis médecin. Je m'occupe de médecine.

P : Ah !

M : Et l'inquiétude, mon bon monsieur, comme vous l'appelez, n'est pas une maladie. L'anxiété, je veux bien… à la rigueur… L'angoisse, pourquoi pas… Mais l'inquiétude…

non… le mot… enfin… oui, le mot est trop léger ! On ne peut pas faire de la médecine avec du léger ! Avec de l'urgent, oui… mais pas avec du léger… *(Un temps.)*

P : Docteur, je suis inquiet !

M : Vous me l'avez déjà dit. Dépêchez-vous ! Je n'ai pas le temps ! Qu'avez-vous donc de sérieux ?

P : Je suis inquiet…

M : Vous ne voulez pas changer de mot ? Nom de Dieu !

P : Ce mot est mon mal !

M : Comment ?

P : Ce mot est mon mal !

(Silence.)

M : Et puis zut, vous m'ennuyez avec vos bêtises ! Alors qu'il y a des patients qui attendent avec des vraies maladies, des têtes cabossées et des bras cassés… *(Un temps)* Pourquoi ne diriez-vous pas préoccupé tant que vous y êtes ! Ce n'est pas loin d'inquiet, préoccupé ! C'est du même genre ! Vous viendriez me voir parce que vous êtes « préoccupé » ! Imaginez donc : les patients viendraient chez nous, aux urgences, pour soigner quoi : la préoccupation !

(Un long silence.)

P : Docteur, je n'arrive pas à distinguer ce qui relève de l'inquiétude et du reste…

M : Du reste ?

P : Du reste qui vous concerne…

M : Que voulez-vous dire ?

P : J'ai mal au ventre…

* * *

75

De l'amour à la mort

Il y a, toutes les enquêtes le montrent, un formidable attachement des Français pour le service public, dont ils pensent qu'il leur appartient, contribuables qu'ils sont. Si l'on touche, d'ailleurs, à un cheveu d'un service public, dit-on, la France descend dans la rue. Ce phénomène s'est vérifié à plusieurs reprises.

Jacques Chevallier[1] écrit à ce sujet : *« Nulle part ailleurs qu'en France, elle* [la notion de service public] *n'a cependant pris une telle importance, en étant érigée à la hauteur d'un véritable mythe, c'est-à-dire une de ces images fondatrices, polarisant les croyances et condensant les affects, sur lesquelles prend appui l'identité collective. »*

Et, plus encore, les Français sont attachés à ce lieu de passion qu'est l'hôpital, que l'on fréquente, immanquablement, au début et à la fin de la vie. L'on pourrait parler encore de relation passionnelle à cette institution. Passionnelle parce que celle-ci est « inévitable » dans le scénario de la condition humaine, passionnelle parce qu'elle renvoie aux questions de la souffrance et de la mort, passionnelle parce qu'elle incarne la main tendue, l'espoir, le dernier recours.

Recours rime bien souvent avec amour. De l'amour à la mort.

Sans doute, en effet, l'hôpital est-il encore associé dans les esprits à sa fonction d'assistance, et donc de générosité humaine, de compassion, qui l'a historiquement fondé. Comme l'expliquait d'ailleurs Michel Foucault[2] : *« Jusqu'au XVIIIe siècle, le personnage idéal de l'hôpital n'était donc pas*

---

1. Jacques Chevallier, *Le Service public*, PUF, 2003.
2. Michel Foucault, « L'incorporation de l'hôpital dans la technologie moderne », *in Hermès 2, masses et politiques*, Paris, CNRS, 1988.

le malade, celui qu'il fallait soigner, mais le pauvre, qui était déjà moribond. Il s'agit d'une personne qui nécessite une assistance matérielle et spirituelle, qui a besoin de recevoir les ultimes secours et les derniers sacrements. C'était la fonction essentielle de l'hôpital. »

Et lorsqu'on entretient un rapport passionné, passionnel, à une institution, on en attend beaucoup et l'on risque ainsi d'être déçu. Alors qu'on – en l'occurrence le patient ou ses proches – recherche la main tendue et un battement de cœur solidaire, on n'entrevoit parfois qu'une ville dans la ville, immense et froide, avec une armada de blouses blanches.

« L'hôpital n'est pas fait pour les chiens », dit un proverbe français. Mais bien pour les hommes.

Maison d'hôtes

Et pourtant l'hôpital est un service public dont le public, précisément, est satisfait, voire fier[1]. À juste titre. La compétence indiscutable du personnel soignant est reconnue par tous. Chaque jour des médecins, des infirmiers, des aides-soignants sauvent des vies. Le public établit donc une distinction entre la « globale » bonne qualité des soins prodigués par l'institution hospitalière et les plis de son système. Mais la déception relationnelle est proportionnelle à la représentation « magique » qu'il s'en fait.

L'hôpital s'inscrit bien dans cette fiction, ce fantasme collectif, contrarié par le principe de la réalité et celui de la gestion : l'hôpital est un lieu de charité et de soin. L'aspect

---

1. La revue *La recherche* (octobre 1999) publie une enquête qui va dans ce sens. *In* Catherine Cudicio, *Les règles d'or de l'accueil*, Éditions d'Organisation, 2000.

charitable de l'hôpital est ancré dans l'inconscient collectif. Le mot vient du latin *hospitalis domus* qui signifie « maison d'hôtes ». L'hospitalité est bien dans l'origine du mot.

L'Assistance Publique-Hôpitaux de Paris, par exemple, créée en 1849, en témoigne : elle est une institution dont les origines remontent à la fondation de l'Hôtel-Dieu, premier hôpital à Paris vers 650. Son identité est clairement liée, dans l'histoire, à deux types d'activité : une activité d'assistance tournée vers les pauvres, les enfants, les vieillards, les incurables, et une activité médicale.

L'hôpital porte ainsi, dans la vision du public, cette double vocation : accueillir le public confronté à la souffrance – au sens large du terme, car où commence-t-elle précisément et ou finit-elle ? – et la pratique du soin. En matière de service, c'est essentiellement le premier aspect de la définition qui pose problème.

Histoire de Maxime

La maîtresse d'un autre « service public », l'école, a considéré que Maxime, un petit bonhomme de cinq ans, n'avait pas grand-chose lorsqu'il est tombé, la tête la première, dans la cour, vers 17 heures[1]. Pourtant, l'enfant a pleuré. Il avait mal. Il a eu une grosse bosse sur le crâne. Il a vomi lorsqu'il est rentré chez lui vers 18 heures. Les parents de Maxime le transportent donc à l'hôpital, où ils arrivent vers 20 heures, malgré les obstacles divers dont les embouteillages parisiens. L'enfant a vomi encore une fois dans la voiture.

---

1. L'école aurait dû « normalement » appeler le 15, le SAMU, et transporter l'enfant dans un hôpital qui pouvait l'accueillir. L'école aurait dû « normalement », encore alerter dès 17 heures les parents, ce qui n'a pas été fait.

Une voisine médecin leur avait conseillé cet hôpital parce qu'il disposait d'un scanner. S'ils avaient fait appel au SAMU – de toutes les façons un peu tard – celui-ci les aurait peut-être conduits dans un hôpital qui pouvait ne pas en disposer.

Arrivée au service des urgences

Il n'est pas évident de trouver une place de parking. La signalétique des « urgences » est peu évidente.

Trois à quatre personnes discutent « joyeusement » entre elles à l'accueil. La joie est une humeur formidable quand elle est adaptée à la situation. Autrement, elle agresse. L'une d'entre elles – une jeune femme de vingt-cinq ans environ – interpelle soudain rudement, après avoir changé radicalement de visage, les parents anxieux :

— C'est pourquoi ? s'enquiert-elle, sur un ton abrupt.

— Maxime est tombé. Il a une grosse bosse. Il a vomi deux fois.

— Nom, prénom, adresse, carte vitale !

La maman répond et accomplit ces tâches administratives pendant que le papa, par le jeu et l'humour, tente de rassurer son enfant et de dédramatiser la situation.

— Asseyez-vous, dans la salle d'attente, reprend la personne de l'accueil, sur le même ton sec.

Dans la salle d'attente, quelques têtes cabossées, quelques jambes cassées et pas grand monde. D'habitude, les salles d'attente regorgent de patients et l'on ne sait jamais à quel moment la consultation va s'effectuer. Tant mieux donc.

A priori *idéologiques*

Il y a, heureusement, chez les enfants toujours quelque chose de gai, même dans la tristesse d'être malade et dans la souffrance.

Dans cette salle d'attente des enfants malades, il y a quelques jeux et livres un peu poussiéreux – qui permettent aux enfants de passer le temps. Pas de télévision : un « Disney » ou un bon *Tom et Jerry* auraient sans doute contribué à rendre le temps un peu moins long.

Une infirmière vient chercher Maxime au bout de vingt minutes. Elle se dirige vers la maman et ignore le papa. Le papa et le petit frère venu accompagner Maxime sont exclus de la consultation. Sans doute la salle de consultation est-elle trop exiguë pour quatre ! Mais pourquoi le papa doit-il garder le petit frère et pas la maman ?

Ce n'est pas la première fois – même quand il n'est pas avec le petit frère – que le papa est exclu. Les personnels médicaux se dirigent toujours, à l'heure de la parité des sexes, des familles monoparentales et des lois sur la discrimination des sexes, inexorablement vers la maman. Le vrai parent pour l'hôpital, semble-t-il, enfin le parent crédible, institutionnel, lorsqu'un enfant est malade, c'est toujours la mère. C'est en effet la mère, dans l'imagerie encore dominante, qui soigne les enfants.

Soudain, le père se lève pour se renseigner, du petit coin de la salle d'attente où on lui a demandé de s'asseoir. Il est inquiet pour Maxime. La même personne de l'accueil le rembarre sèchement en lui disant que sa posture debout gêne l'entrée des urgences. Il tente en vain de comprendre le raisonnement logique de celle-ci. Comment peut-il dans cette entrée suffisamment large obstruer l'entrée ? On lui demande une deuxième fois, cette fois très sèchement, de se rasseoir. Il dérange. Les papas dérangent.

On l'appellera en temps voulu !

Communication ? Qu'est-ce que c'est ?

Le pédiatre urgentiste qui examine Maxime semble tout à fait compétent. La quarantaine, il a, dans le comportement, le sérieux qui va avec la fonction, et ses gestes sont sûrs. Il est assisté d'une infirmière. Une très jeune interne prend des notes et écoute le maître. Celui-ci explique le traumatisme crânien avec des mots du jargon médical, bien incompréhensibles par la maman du petit patient. Il s'adresse d'ailleurs davantage à l'interne qu'à la maman.

Il faut se mettre à la place de parents inquiets d'enfants malades qui, à défaut de paroles de vérité ou d'empathie, reçoivent, malgré eux, un cours abscons d'anatomie du cerveau. Les études de médecine ont-elles abordé vraiment les principes et techniques de communication avec le patient ? Comment lui parler, comment le rassurer, comment l'informer, comment le conseiller ? Quels sont les mots et les gestes qui rassurent ? Quels sont ceux qui angoissent ? Quelle est la posture adaptée ?

Le traumatisme semble bénin. Ouf ! Pas besoin de scanner. Le médecin remet à la maman un document – bien fait – qui explique l'attitude de surveillance à adopter dans les jours qui suivent.

Le médecin n'a pas décroché un sourire et le regard comme le ton qu'il prend lorsque le père, à la sortie de la consultation, vient lui demander des nouvelles est aussi froid qu'agacé. On peut penser qu'il a l'impression de perdre son temps. Le cas de Maxime est sans doute trop mince.

Dysfonctionnements en pagaille !

Tous les dysfonctionnements du service hospitalier sont rassemblés dans cette anecdote.

Il y a, avant tout, une carence, dans le public – malgré la fréquence régulière des parutions de journaux traitant du sujet –, d'informations précises, d'une culture publique de l'organisation hospitalière qui faciliteraient sans doute les visites à l'hôpital.

Une série de questions fondamentales se posent, auxquelles le grand public n'a pas forcément et spontanément de réponses : quoi faire, qui appeler, comment s'y prendre en cas d'urgence médicale, comment se rendre dans tel ou tel hôpital, comment sont organisés les services, qui est responsable de quoi, quelle est la spécialité médicale de chaque hôpital, quelles en sont les technologies, quelle est sa capacité d'accueil, de lits, quel est le temps de délai d'une prise de rendez-vous pour une consultation ?

Il a fallu l'intervention inopinée de la voisine des parents de Maxime pour que ceux-ci se rendent plutôt dans cet hôpital que dans un autre pour pouvoir effectuer un scanner.

Il faudrait sans doute mieux informer encore le public qu'on ne le fait sur ce grand service, très diversifié et complexe – seule l'AP-HP[1], par exemple, représente déjà 55 hôpitaux employant près de 90 000 personnes.

Le deuxième problème sans nul doute, c'est l'orientation et la signalétique de ces sortes de cités complexes et labyrinthiques que sont les hôpitaux.

------

1. Assistance Publique-Hôpitaux de Paris.

L'hôpital est une idée simple, surtout quand on n'a pas affaire à lui. Facile à envisager, quand il ne faut pas le trouver. Il est loin d'être évident, même lorsqu'on sait ce que l'on cherche, de trouver ce que l'on cherche dans des méandres où tous les bâtiments se ressemblent. Trouver l'hôpital, trouver le service, trouver l'accueil, trouver la salle d'attente, trouver la salle de consultation, trouver la radiologie ou un autre service, trouver la caisse, trouver une place pour se garer, en bref comprendre l'organisation géospatiale de l'hôpital relève de la gageure. Surtout quand on est malade.

Le troisième dysfonctionnement, notamment aux urgences, c'est le comportement des personnels d'accueil.

Organiser des séminaires sur le ton !

Il y a deux travers comportementaux récurrents des personnels d'accueil : l'indifférence et l'agressivité. Les exemples ne manquent pas dans les hôpitaux. Ainsi, les personnels, devant le patient qui souffre, en train de débattre à propos de l'organisation de leur nécessaire rotation pendant les congés d'été. Les fous rires dont, par définition, on ne comprend pas la cause et qui isolent encore plus celui ou celle qui pense en être l'origine. Ou bien encore le café de la pause que l'on déguste lentement face au patient, comme si ce dernier était invisible.

Oubli de l'autre. Absence de tact, en quelque sorte. Comble, absence de considération face à la souffrance et à la maladie ! Ou déni de l'angoisse de l'autre. Le malade se sent alors, dans ces cas, bien seul.

L'agressivité, c'est, dans le cas de Maxime, cette manière autoritaire d'ordonner au père de rester à sa place. D'admonester plutôt que de dialoguer, plutôt que d'expliquer. L'agressivité, c'est l'absence totale de recul.

L'agressivité, c'est encore, dans ce même cas, de ne pas parler, de ne pas expliquer, de ne pas dire où en sont les choses. Ou dire juste le minimum. L'agressivité, c'est, face à l'inquiétude du patient ou de ses proches garder le silence. Silence bien lourd, pour celui qui attend une parole, quelle qu'elle soit, réconfortante ou pas, d'ailleurs. Le ton des personnels d'accueil à l'hôpital participe indiscutablement de la thérapie. Voilà une idée : il faudrait organiser des séminaires de formation à l'hôpital uniquement sur le ton !

La toute-puissance médicale

Évoquons l'attitude du médecin. Rappelons le truisme : savoir égale pouvoir. Le rapport médecin-malade est un rapport de pouvoir. Entre celui qui est censé savoir et celui qui attend, souvent avec angoisse, le résultat du diagnostic concernant sa santé. Le rapport de forces n'est pas en faveur de « celui qui ne sait pas ». Et du pouvoir à l'abus de pouvoir, il n'y a qu'un pas, parfois franchi.

On sait pourtant depuis Pétrone[1] que *« le médecin n'est rien d'autre qu'un réconfort pour l'esprit »*. On sait encore depuis Montaigne[2] que *« les médecins ne se contentent point d'avoir la maladie en gouvernement, ils rendent la santé malade, pour garder qu'on ne puisse en aucune saison échapper leur autorité »*.

---

1. Pétrone, *Le Satiricon.*, Ier siècle apr. J.-C.
2. Montaigne, *Essais,* « De la ressemblance des enfants au père », 1580.

Tout patient attend en effet un « verdict » explicité concernant sa maladie, un diagnostic en tout cas, des mots, des paroles. Le médecin qui a fait le diagnostic d'un « traumatisme crânien bénin » pour le cas de Maxime ne se presse pas d'expliquer. Il manipule le crâne, palpe, questionne la mère et l'enfant, forme en passant la jeune interne, accomplit son métier de médecin, mais ne s'intéresse pas trop à l'émotion qu'a ressentie l'enfant et à l'inquiétude des parents. Ce n'est pas son travail. Son travail consiste à délivrer le bon diagnostic qui précède la délivrance d'une ordonnance adaptée. L'humeur n'est pas son problème. C'est un technicien supérieur. Pas un psychologue. À chacun son métier.

Aux questions posées par le père, il montre un léger agacement. Il a déjà répondu à celles de la mère – probablement les mêmes – et il y a d'autres patients qui attendent. Les journées sont trop longues.

Le cas d'Antoine

Allez ! Un deuxième exemple. Au cours d'une partie de tennis, Antoine, 20 ans, s'est cassé la malléole, un petit os de la cheville. Il a dû porter une attelle et s'aider de béquilles. Son accident survenu, il s'est rendu aussitôt aux urgences d'un hôpital de la région parisienne, avant d'être suivi par le service d'orthopédie.

Il honore donc un rendez-vous obtenu après trois semaines d'attente. Dans certains cas et certaines spécialités, ce sont des rendez-vous pris six mois à l'avance, parfois un an.

Parcours d'obstacles

Il se rend à l'accueil. Un petit peu d'attente mais pas trop. Six boxes-guichets d'inscription. Deux de paiement. Il se fait enregistrer pour la consultation. Il veut récupérer sa radio qu'il avait laissée au moment de sa première visite.

— Pour prendre votre radio, il faut d'abord la régler et c'est au dernier guichet, l'informe la préposée aux « inscriptions ».

Il se rend à la caisse. Au dernier guichet. Mais là, personne. Où est passée Catherine ? Tous les collègues des boxes se posent la question. Catherine a disparu. On cherche Catherine. C'est une caissière qui devrait être là, mais dont on ne trouve plus la trace. Aucune autre employée ne veut occuper la place de Catherine. Chacun son job. Une personne finit par prendre le relais en râlant. « Ce n'était pas à moi de faire la caisse aujourd'hui », se plaint-elle.

Antoine se rend au service d'imagerie médicale situé au sous-sol de l'hôpital. Pas facile à trouver. Ses béquilles le gênent pour circuler. Il lui faut prendre l'ascenseur. À l'accueil du service, on lui demande sa quittance. Après une nouvelle demi-heure d'attente, on lui remet sa radio. Il remonte au premier étage pour la consultation. Rebelote. À l'accueil de la consultation, il lui faut se nommer, se présenter à nouveau, etc. Il y a des postes d'accueil partout à l'hôpital mais ce n'est pas le nombre de postes qui rend l'accueil efficient. Antoine se rend à la salle d'attente. Trente nouvelles minutes d'attente. Le médecin va le recevoir.

Quatre minutes et pas plus !

Il est reçu par un médecin qui ne le regarde pas. Ce dernier lui demande de lui montrer la cheville. Il la palpe. Antoine a mal. Le médecin lui dit que ça va s'arranger et qu'il faut encore garder l'attelle pendant une vingtaine de jours au moins. Et qu'il faudra faire une radio de contrôle d'ici là. L'aide-soignante ouvre alors la porte à Antoine et le congédie. Ce médecin a dû dire au maximum deux phrases. La consultation a duré quatre minutes. Le pouvoir (abusif), c'est installer l'autre en situation d'ignorance.

Au fait, Antoine pourra-t-il encore jouer au tennis ? Doit-il dormir avec son attelle ? Peut-il avoir quand même quelques activités physiques, comme, par exemple, la natation ? Est-ce grave ? Dans combien de temps sera-t-il guéri ? À partir de quand peut-on dire qu'on est « fragile » de la cheville ? Quand n'utilisera-t-il plus ses béquilles ? Peut-il, en cas de douleurs, prendre des anti-inflammatoires ?

Antoine n'a pas posé toutes ces questions. C'est lorsqu'il retourne aux caisses qu'il se dit qu'il aurait dû les poser. Mais le climat, dans cette petite salle de consultation, était-il vraiment propice à la communication ? Et ce médecin a-t-il laissé un espace de parole à son interlocuteur ? Avait-il le temps et le désir de répondre ?

« Ils [les médecins] *laissent croire qu'ils savent quand ils ne savent pas, se barricadent derrière un langage ésotérique, évitent le dialogue attendu par leur patient, bref, continuent à réclamer une confiance aveugle quand le malade voudrait comprendre ce qui lui arrive, participer aux décisions qui concernent sa santé et sa vie »,* explique Marie de Hennezel, dans son livre *Le souci de l'autre*[1].

---

1. Marie de Hennezel, *Le souci de l'autre*, Robert Laffont, 2004.

Comment dire ?

Molière[1] le disait en son temps : « *C'est toujours la faute de celui qui meurt.* » Le patient gravement atteint a donc tort, si l'on croit l'auteur du *Médecin malgré lui*. Quand un malade parle, émet un avis, il ne peut que se tromper. Il n'est pas médecin.

Ainsi le cas de Frédérique et Laurent, parents de la petite Jeanne, qui témoignent dans *Le Point*[2]. Leur petite fille fait une première crise d'épilepsie. Ils se rendent dans un hôpital de leur petite ville de province. Ils expliquent, sont inquiets, évidemment. Ils font faire à leur enfant un électroencéphalogramme qui ne dit rien. Les personnels de l'établissement les regardent avec circonspection.

« *D'emblée, nous avons été catalogués "parents super-protecteurs", c'est-à-dire des emmerdeurs…* », racontent-ils. On ne les prend pas au sérieux. « Ce n'est rien ! », leur dit-on d'un ton sans appel. Il est vrai que la question comme l'insistance du point de vue dérangent. On préfère des malades soumis, obéissants, pas trop bavards.

Ils se rendront bien plus tard à Paris, dans un hôpital spécialisé qui exprimera un autre avis et confirmera le diagnostic d'épilepsie.

On pourrait multiplier les exemples de mauvaise communication entre les personnels médicaux ou paramédicaux et les patients, notamment dans les cas graves. « Comment parler ? » est la question récurrente des soignants.

On leur a appris le soin, moins la parole.

---

1. Molière, *Le Médecin malgré lui* (acte III, scène 2), 1666.
2. Cas et propos relevés dans la revue *Le Point*, 13 mai 2004.

La brutalité comportementale

Comment annoncer, une épilepsie, une paralysie, un cancer, un sida ? Deux possibilités s'offrent aux médecins : le dire ou le taire. Parfois ils le taisent ou, plus souvent, ils « tournent autour du pot » avant de le dire, en présupposant que l'interlocuteur n'est pas capable d'« entendre », ou ils le disent de manière abrupte en ayant, qui plus est, le sentiment, en l'ayant dit ainsi, d'avoir accompli un exploit[1]. *« L'interne*, raconte Marie de Hennezel[2], *lui* [à une malade] *aurait dit sans aucun ménagement : "On ne peut plus rien pour vous." Et il aurait même ajouté qu'elle coûtait cher à l'hôpital. »*

De la même manière, lorsqu'on est hospitalisé, notamment en urgence, on est frappé par l'absence de communication avec le personnel à propos de « ce que l'on a », de « ce qui va se passer » dans les heures et les jours qui viennent. Et l'on souhaiterait, en sus, quelques paroles « gratuites » d'apaisement qui ne viennent pas. *« On voit bien que cette question de l'information du malade s'inscrit à l'intérieur d'une relation de soin. Bien souvent, ce n'est pas tant l'information qui fait défaut qu'une certaine qualité de communication »*, note Marie de Hennezel[3].

« Pendant cinq jours, j'ai vécu l'enfer. Les infirmières étaient avec moi d'une brutalité absolue, pour me lever, pour faire ma toilette, pour me faire marcher... Aucune chaleur humaine, pas un mot, pas un sourire », raconte Denise,

---

1. On notera aussi une nouvelle tendance comportementale récurrente des médecins hospitaliers (ou non, d'ailleurs) qui ne favorise ni la vérité des propos ni la communication avec le patient : celle de déléguer – parfois par le biais d'un protocole écrit – la décision médicale au patient pour éviter ainsi toute contestation contentieuse ou judiciaire *a posteriori* en cas d'erreur de diagnostic ou de traitement.
2. *Op. cit.*
3. *Idem.*

77 ans, qui s'est retrouvée aux urgences d'un grand hôpital à Marseille pour une fracture du fémur et du poignet[1]. Un kinésithérapeute commence un jour à lui faire faire des exercices et « l'oublie » sur un fauteuil, loin de son lit, loin du téléphone et de la sonnette d'alarme. *« C'est ma fille, étonnée de ne pas me joindre au téléphone, qui a prévenu les infirmières, lesquelles sont seulement alors venues me remettre dans mon lit »*, poursuit-elle.

Cette anecdote confirme, de manière tragique, la problématique de l'hôpital : le patient est oublié – parfois au sens propre du terme !

Un espace social limite

On peut penser que les médecins ignorent le sentiment d'angoisse. Tous les médecins le savent désormais, et c'est une évidence que de le rappeler : soigner une maladie, c'est aussi soigner l'angoisse qui la précède parfois, et qui la suit toujours. L'angoisse, selon Bernard Granger[2], professeur de psychiatrie, est une « maladie de l'imagination » qui se porte notamment sur le corps et la peur de la mort : *« Ce vécu d'apeurement* [des anxieux], explique-t-il, *s'éprouve dans deux domaines principaux : l'intégrité physique (peur des blessures, des maladies, des accidents, de la mort) et les situations sociales. »*

L'hôpital – et bien sûr la maladie qui est le motif pour lequel on y vient – déclenche l'angoisse. De ceux qui en souffrent déjà avant de s'y rendre – et ils sont nombreux, les

---

1. *Idem.*
2. Bernard Granger, professeur de psychiatrie à l'université de Paris-V, hôpital Necker. Propos recueillis dans *Le Magazine littéraire*, juillet-août 2003.

« névrosés de l'angoisse » – et ceux, plus ou moins « stressés », dont l'angoisse profonde ou conjoncturelle ne demande, dans ce lieu, qu'à éclore.

Une des caractéristiques de l'angoisse, c'est qu'elle exagère tout ; c'est en cela qu'elle est une « maladie de l'imagination ». Elle transforme le réel. Le patient angoissé exagère la maladie, la perception de l'attente, la difficulté des relations humaines avec le personnel, les paroles du médecin, la complexité des démarches administratives. L'angoissé peut devenir, par ce fait, agressif ou « dépendant » des autres. Bernard Granger précise : *« Il* [l'anxieux] *surestime les risques d'apparition des événements défavorables et sous-estime sa capacité à y faire face. »* L'hôpital devient alors un laboratoire qui met l'angoisse en culture. Il y est question de souffrance, de fragilité de la vie et du rappel explicite ou subliminal – bien qu'une visite à l'hôpital n'y conduise pas forcément – de la mort. En cela, l'hôpital est un espace social limite. Car il détient une dimension imaginaire aussi puissante que sa réalité même. C'est ce qu'on n'a pas appris aux personnels soignants et administratifs à comprendre, et surtout à gérer.

De l'usage du « flou »

Comment gère-t-on l'angoisse d'autrui ? Et qui plus est l'angoisse d'autrui qui souffre ? La gestion de l'angoisse des patients n'est pas au centre des programmes des facultés de médecine ou des écoles d'infirmières. Ni dans les cursus de formation des employés ou des cadres administratifs. On a alors l'impression qu'ils ne « savent pas faire ». Mais, alors, comment gère-t-on l'angoisse ? Par la communication. Une communication spécifique. Une communication informative, souriante et honnête dans les propos. Et c'est le contraire malheureusement qui se passe souvent : l'infor-

91

mation est parcimonieuse, le sourire absent, et la manipulation fréquente. À moins que l'angoisse des uns, comme le « flou » qui en est souvent l'origine, serve le pouvoir des autres. Car on se demande parfois si cette non-communication généralisée de l'hôpital n'est pas entretenue par les acteurs mêmes de l'institution.

On peut avoir l'impression que l'hôpital tourne sur lui-même, passe son temps à se regarder, alors que l'usager (qui est encore loin d'être un « client ») – le patient, cet intrus exogène – vient un peu troubler l'équilibre précaire de l'organisation. On a pu observer, dans le drame, et même si ceci n'explique pas totalement cela, la faible réactivité hospitalière lors du fléau de la canicule, en été 2003.

« C'est pourquoi les communautés hospitalières souffrent de cet invraisemblable empilement de structures en défendant l'éventail des intérêts catégoriels édictés par les clans et les élites », observe Patrick Pelloux[1], ce médecin urgentiste qui a dénoncé, à ce moment-là, les carences du système hospitalier. L'organisation décrite par Patrick Pelloux pourrait définir ainsi le phénomène bureaucratique.

Dans tous les cas la victime, c'est le patient.

Le mépris qui entraîne le mépris

Comment expliquer le malaise ? L'organisation bureaucratique est tendue entre deux pouvoirs, le pouvoir médical et le pouvoir de l'administration, parfois antagoniques. Les métiers sont divers et multiples, la communication entre eux difficile. Les hiérarchies sont lourdes et plurielles. La notion de client-usager vient à l'encontre d'une culture « défensive », de repli

---

1. Patrick Pelloux, *Urgentiste*, Fayard, 2004.

sur soi. Ces paquebots de la santé, ces « machines à guérir » (Foucault) que constituent les hôpitaux, privilégient l'organisation productive des soins, précaire par ailleurs, au détriment du facteur humain. Le « geste humain », pourtant fondement et finalité de la problématique hospitalière, est négligé. Il n'est pas prioritaire.

« L'hôpital regroupe aujourd'hui plus de cent spécialités et une centaine de métiers différents. Cela pose inévitablement le problème de l'organisation du travail, de son coût et de sa gestion. Or ces considérations sont privilégiées au détriment de la relation humaine », observe Marie de Hennezel. Et sans doute le mépris ressenti par les personnels au sein même de l'organisation hospitalière entraîne-t-il le mépris envers les malades. *« Telle infirmière, par exemple, se sent méprisée parce qu'un responsable de la direction passe régulièrement dans son service en reprochant à l'équipe de n'avoir que douze lits occupés sur les seize disponibles, pour décréter qu'il y a une infirmière de trop, lorsqu'elles ne sont que deux, alors que cinq patients sont en fin de vie »*, raconte Marie de Hennezel[1].

Mais des médecins réagissent

En avril 2004, un grand nombre de médecins hospitaliers, chefs de service et professeurs de médecine dénoncent les dysfonctionnements du service public de santé et en appellent à un fonctionnement plus humain, plus tourné vers le patient[2].

---

1. *Op cit.*
2. *Le Monde*, 20 avril 2004.

Ils prennent acte (et les dénoncent) des rendez-vous de consultation à l'hôpital qui prennent des mois, des attentes pour des opérations chirurgicales de plus en plus longues, du débordement des services d'urgences où les patients peuvent attendre des heures, parfois sur des brancards, car on ne trouve pas de place pour les hospitaliser – notamment avec la déstabilisation organisationnelle provoquée par la loi sur les 35 heures –, de la difficile gestion des épidémies (bronchiolites, grippes), de l'insuffisance de médecins, d'internes et d'infirmières. Ils critiquent la pure logique productiviste au détriment de l'humain : *« On nous demande d'élaborer des "projets médicaux"*[1] *pour réorganiser les hôpitaux au motif d'en "améliorer le fonctionnement". Le préalable est constant : "diminuer les coûts". Les réorganisations aboutissent toujours à la diminution du nombre de lits et à la réduction du personnel et des moyens. »* Ils rappellent encore le principe de déontologie des médecins qui doivent à chacun de leurs malades *« des soins consciencieux, dévoués et conformes aux données acquises de la science »*.

« Le geste humain »

Il faut le dire : on se plaint toujours du personnel hospitalier une fois que l'on n'a plus besoin de lui, une fois sorti de l'hôpital. Souligner, comme on vient de le faire, les dysfonctionnements qui traversent l'institution hospitalière, ce n'est pas bien sûr rejeter en bloc le service public et son personnel. Car il est évident qu'on est bien content de les trouver lorsqu'on est malade. Et l'on rencontre tous les jours et par-

---

1. Le management des hôpitaux, depuis 1991 selon la législation hospitalière, est un mode de gestion par projet d'établissement dont le projet médical fait partie.

tout, il faut le répéter, des médecins, des infirmiers, des aides-soignants, des agents de service, des personnels administratifs, nombreux, remarquablement compétents et dévoués.

« Ce sont des gens extraordinaires, à qui je tire mon chapeau et pour qui j'ai le plus grand respect. Je ne les remercierai jamais assez », raconte Christian[1] qui fut atteint d'une sévère maladie génétique et sauvé par la greffe réussie d'un rein. *« Psychologiquement, c'est très dur. Les locaux ne sont pas adaptés, on est quatre par chambre. Heureusement, le personnel, souvent débordé, est toujours là, compétent, dévoué. »*

Et l'on pourrait ainsi multiplier les exemples d'humanité et de réussites en matière de soin. Mais il faudrait effectivement, à côté des gestes médicaux ou chirurgicaux qui soignent et sauvent les vies, initier, renforcer, développer le « geste humain ».

Ce geste, qui n'est pas grand-chose, mais qui est tant, peut être aussi tout. Il s'exprime par un sourire, un mot qui rassure, une parole de vérité, une écoute, la prise en compte de ce qui est dit, une relation de respect mutuel, un conseil pertinent et précis.

Le « geste humain » peut sans doute paraître secondaire au plan de la technique médicale proprement dite, secondaire encore par rapport à l'organisation du travail, mais il se révèle pourtant si déterminant pour la guérison même des malades. Ce geste, associé à la compétence technique des personnels, participerait à l'efficacité des soins comme à l'honneur de l'hôpital.

---

1. *Le Point*, 13 mai 2004.

Le service à l'hôpital

Voici la liste de divers dysfonctionnements constatés à l'hôpital dans le service apporté au patient[1].

PROBLÉMATIQUES	PRÉCONISATIONS[a]
Dysfonctionnements « sanitaires »	
Infections nosocomiales	Respect des règles d'hygiène (lavage des mains systématique) Recours à l'ambulatoire, à l'hospitalisation à domicile
Dysfonctionnements « organisationnels »	
Délais d'attente aux urgences	Recrutement de personnel Meilleure « présélection » des patients Création de dispensaires de proximité
Dispersion des plateaux techniques (radio, examens, etc.) entraînant de pénibles trajets pour les patients	Regroupement des plateaux techniques sous forme de « pôles » de diagnostic
Vétusté des locaux, surpopulation	Travaux Médecine ambulatoire, hospitalisation à domicile Responsabilisation accrue des personnels (afin qu'ils fassent plus attention aux locaux et au matériel)
Piètres prestations hôtelières (chambre, nourriture) proposées à des tarifs prohibitifs	Motivation des personnels de cuisine Contrôle accru des prestataires externes Meilleure allocation des ressources
Froideur clinique des locaux	Efforts de décoration
Coût des prestations complémentaires (télévision, téléphone, etc.)	Gestion plus stricte des concessions de secteur privé

---

1. Document JPG Conseil © 2004.

Dysfonctionnements « humains » et/ou culturels	
Qualité de l'accueil inégal (admissions, guichet, etc.)	Formation Management
Personnel « surchargé » et pas toujours très patient	Recrutement Formation Médecine ambulatoire
Difficultés à avoir accès aux informations médicales	Application stricte des textes de loi relatifs au secret médical
Traitement « dégradant » des patients (manque de respect, « réification »)	Évolution de la culture Formation des personnels soignants (notamment les médecins) à la psychologie, philosophie, etc.
Personnel en général dévoué et compétent mais souvent infantilisant dans son comportement	Formation
Accueil des visiteurs et familles très « indigent »	Développement d'une culture « client » Appel aux sponsors
Sous-effectif et sous-qualification de certains personnels (aides-soignants notamment).	Formation

a. Beaucoup de dysfonctionnements hospitaliers ont des causes totalement ou partiellement exogènes dont la résolution impliquerait la coopération d'acteurs très divers (ministère, médecins de ville, pompiers, mairies, etc.).

Chapitre 5

What do you think, dear customer, about The Club A ?[1]

Ou… Comment l'auteur s'amusa à remplir librement, gratuitement (si l'on peut dire) et sans complexe, un questionnaire de satisfaction destiné à la clientèle d'un club de vacances, club dont on peut supposer qu'il est issu de sa fertile (et parfois diabolique) imagination.

> *« Je réponds ordinairement à ceux qui me demandent raison de mes voyages que je sais bien ce que je fuis mais non pas ce que je cherche. »*
>
> Montaigne[2]

---

1. « Que pensez-vous, cher client, du Club A ? », le titre en anglais veut donner à ce chapitre sur le tourisme un caractère international.
2. *Essais.*

Au téléphone...

— Allô, ah je vous ai enfin... ! On m'a dit que mon temps d'attente était de 4 à 6 minutes, puis de 2 à 4, puis inférieur à 2 minutes... J'ai eu l'impression me trouver dans une fusée avant son lancement...

— Bonjour, Alice... *(Silence.)*

— Au pays des merveilles !

(Silence)

— Bonjour... c'est donc pour des vacances... en Tunisie...

— Où ?

— En Tunisie !

— Où ?

— En Tunisie !

— Djerba... Hammamet ou Nabeul ?

— Djerba ! C'est ça... Djerba !

— Quelle période ?

— Pour les vacances scolaires de Pâques ?

— Les quinze jours ?

— Non une semaine ! C'est bien ?

— Quoi ?

— Djerba en avril ?

— C'est une affaire de goût ! Mais oui, oui !

— Par rapport à Marrakech ?

— C'est différent !

— En quoi ?

— Marrakech, c'est le Maroc...

— Ça ne m'aura pas échappé...

— Mais pour en savoir plus, regardez donc le catalogue ! Il vous explique tout !

— Pourrais-je avoir deux chambres communicantes dont une pour mes jumeaux ?

— Ils ont quel âge ?

— Sept ans !

— Les deux ?

— Oui puisqu'ils sont jumeaux !

— Il n'y en a plus ! ! Je peux vous proposer deux chambres non communicantes à l'hôtel Aziz ou une chambre pour trois à l'hôtel de la Palmeraie.

— L'hôtel de la Palmeraie est-il proche du Kid 's Club ? Que l'on ne fasse pas des kilomètres le matin pour y aller…

— Regardez donc le plan dans le catalogue… il me semble qu'il est un peu excentré… *(Silence.)* Attendez, je vais chercher aussi un plan… *(Musique d'attente.)*

* * *

Imaginons, imaginons…

Ce chapitre prendrait comme prétexte une réponse à un questionnaire d'évaluation de la qualité envoyé par un club de vacances, à l'auteur, à l'issue d'un voyage qu'il aurait effectué dans une île de Tunisie, accompagné de ses deux enfants (des jumeaux de 7 ans).

Depuis quelques années, ce club s'interrogerait en effet sur son identité et ses performances. Ce serait aussi pour cela, sans doute, qu'il enverrait des questionnaires de ce type à ses clients.

L'auteur en question aurait longtemps été, et serait toujours, membre fidèle de ce club et les critiques formulées pourraient exprimer aussi la manifestation, à son endroit, d'un certain attachement. En tout cas, d'une fidélité certaine, puisqu'il y retourne. Et puis, comme on dit, critiquer, c'est encore adhérer.

Qui plus est, ce gentil et fidèle membre dirait – enfin ! – ce qu'il aurait toujours rêvé de dire mais qu'il n'aurait pas dit, faute de temps, d'écoute ou, sans doute, de courage.

Les questions seraient organisées en trois rubriques. Les appréciations seraient les suivantes : « bonne », « moyenne », « mauvaise ». La première question de chaque rubrique serait générale et parfois suivie de questions plus précises qui étayeraient ou préciseraient « l'impression d'ensemble ».

Notre auteur répondrait à ces questions, mais il y ajouterait des commentaires plus larges, afin d'éclairer le lecteur sur la notion de service dans ce secteur d'activité.

Il accomplirait, en quelque sorte, un mini-audit du Club A.

Pur exercice d'imagination, ce chapitre relate, comme le lecteur l'aura compris, une fiction. Tout rapport avec une quelconque réalité d'un club de vacances existant ne serait donc que fortuit *of course* !

Le séjour dans son ensemble

Quelle est votre appréciation globale sur votre dernier séjour au Club A ?

« Bonne », malgré tout ! Entre moyenne et bonne. Mais tranchons pour « bonne ».

Le *séjour dans son ensemble* s'est bien déroulé.

Quelle appréciation portez-vous sur le rapport qualité-prix ?

« Moyenne. »

Le séjour coûte cher, notamment par rapport à la prestation hôtelière (affichée trois « soleils ») quelque peu sommaire et à la restauration (voir plus loin). Le séjour est revenu à 2 100 euros comprenant, pour trois personnes dont deux enfants de moins de dix ans et pour une semaine : deux petites et très humbles chambres communicantes, la pension complète, le vol aller/retour.

Les informations et la réservation

Que pensez-vous de la réservation ?

« Moyenne. »

Le système semble pourtant mieux fonctionner qu'il y a deux ans. À cette époque, on entendait assez souvent la mauvaise humeur au téléphone. Les téléopérateurs des plateformes téléphoniques en France paraissent désormais un petit peu plus professionnels. Sauf, bien sûr, si l'on sort du cadre. Les réponses sont préétablies et l'on repère chez l'interlocuteur un zeste d'impatience lorsqu'on pose des questions dont les réponses n'ont pas été prévues. Exemples :

- Peut-on avoir une chambre qui soit à la fois près du kid's club et du restaurant central ?
- Quelle est la grandeur de la chambre ?
- Peut-on envisager un lit supplémentaire pour quelques nuits afin de loger une baby-sitter ?
- Y a-t-il des menus « végétariens » possibles ?

Aller dans « le sens du poil », au téléphone, avec les téléopérateurs du Club A convient en effet mieux que les questions hors fiches-mémoire. Celles-ci déclenchent la mauvaise humeur de l'interlocuteur ou le réflexe du parapluie : « Excusez-moi mais il faut que je demande à mon responsable… Veuillez patienter. » Ou : « Rappelez dans dix minutes. » Et comme vous n'avez pas pris le nom de la personne, il faut recommencer, lorsque vous rappelez, à raconter votre histoire depuis le début, à plaider à nouveau votre cause, à quelqu'un d'inconnu.

Le délai d'attente

« Moyenne. »

Plus rapide en tout cas que certains services après-vente désastreux d'opérateurs informatiques ou de télévision par câble.

Si vous voulez traiter une question hors cadre, négocier un prix ou un service, ou parler à un responsable, c'est une autre affaire (voir plus haut).

La qualité de l'accueil

« Moyenne. »

L'interlocuteur reste dans ses fiches. Il est à peine poli. Pas de sourire au téléphone. Pas de chaleur pour vendre des vacances au soleil ! Peu de souplesse mentale, d'adaptation.

Le commerce par téléphone, ce n'est pas encore ça !

Les conseils

« Moyenne. »

On répond, dans le cadre, plutôt qu'on ne conseille. On peut vous répondre, sans vergogne et avec un brin d'agressivité, agacé. Par exemple, lorsque vous hésitez entre deux destinations, on peut vous dire, un brin énervé : « Mais regardez donc le catalogue ! »

Les téléphonistes semblent préférer les commandes aux conseils, le chiffre d'affaires à la vente. Question : obtiennent-ils des primes à la réalisation de l'objectif de vente ou à celui de la fidélisation de la clientèle par l'amabilité et le conseil ?

Le voyage

Quelle appréciation portez-vous sur le voyage à l'aller ?

« Moyenne. »

Le voyage s'est bien déroulé. Il a fallu au préalable, quand même, se renseigner sur l'état de la compagnie de charter qui était allouée au Club. Et plus encore après le crash d'un charter en Égypte et les rumeurs alarmistes qui l'ont suivi, amplifiées par les médias. Mais on ne connaît pas la compagnie de charter avant de partir. D'ailleurs on est très peu informé, avant de partir, des conditions du voyage. Les téléphonistes du Club furent cependant assez rassurants. Consignes de dédramatisation obligent, sans doute.

Et, plus particulièrement, sur :

La prestation de la compagnie aérienne

« Moyenne. »

Correcte, mais vraiment minimaliste.

Nous fûmes, dans l'avion, très serrés. Productivité et rentabilité obligent, sans doute les avions sont, de toute façon, désormais très inconfortables. Le dîner fut frugal et peu goûteux. Le personnel de bord plus présent que disponible. Les toilettes immondes.

Le transfert : aéroport/village

« Moyenne. »

Inévitable sans doute, mais ressenti comme long. Pratiquement une heure de transport bringuebalant dans un car sans grand confort après plus de deux heures et demie de vol, et deux heures d'attente à Orly Sud.

Les horaires

« Mauvaise. »

Départ prévu : 18 h 30. Départ réel : 19 h 30. Arrivée à 21 h 50. Deux heures d'attente à l'aéroport d'Orly pour l'enregistrement des bagages. Flottement à l'arrivée à l'aéroport tunisien. Formalités et bagages. Une heure de transfert. Arrivée au Club à 23 heures.

On va mettre une journée, sur les sept des vacances, à récupérer son énergie.

L'assistance à l'aéroport

« Mauvaise. »

Au départ, inexistante. À l'arrivée, proche de zéro.

L'information sur le voyage

« Mauvaise. »

On connaît le jour du départ, mais on ignore les horaires précis. On n'en est informé que quelques jours avant le départ. Il est donc difficile d'anticiper, de planifier une organisation.

Quelle appréciation sur le voyage au retour ?

« Moyenne. »

On est moins surpris qu'à l'aller par le mode opératoire du voyage. Mais l'information, l'assistance et le confort sont du même acabit.

L'arrivée au village

Quelle est votre impression sur votre arrivée au village ?

« Moyenne. »

Nous arrivons donc épuisés au village. Il y a un vague air de fête un peu *cheap* : des animateurs fatigués chantent des airs orientaux gais, sous forme de rituel triste de bienvenue, et un cocktail sans alcool nous attend. Celui-ci est à l'image de l'accueil : fade, fatigué et préfabriqué.

Et, plus particulièrement sur :

Votre prise en charge

« Moyenne. »

Une animatrice nous conduit dans nos chambres. Il fait nuit. Nous la suivons, hagards, à travers les méandres labyrinthiques du village. Le prisme de la fatigue nous le rend énorme. Quelques « TGV » (« Très Gentils Vacanciers ») osent quelques timides questions auxquelles l'animatrice répond en partie ou non, car, le lendemain, une conférence d'information générale sur le « mode d'emploi » du Club est prévue.

La qualité de l'accueil

« Moyenne. »

Quand la chaleur humaine est à ce point « surjouée », elle peut être ressentie comme une agression. L'accueil désormais est une réplique molle de la séquence culte du film *Les Bronzés*…

La conférence d'information du lendemain de l'arrivée est trop dense et comme personne ne connaît ni les lieux, ni les activités, elle relève du cours magistral qui n'appelle pas de débat.

Le meilleur moyen de connaître le Club est de s'y perdre.

Le village

Quelle appréciation portez-vous sur le village ?

« Moyenne. »

Le village est grand. Il est difficile de se repérer à travers les petits chemins aux noms pseudo-orientaux. Celui qui mène à l'hôtel, celui qui mène au SPA, celui qui mène au restaurant, celui qui mène à la plage, celui qui mène aux courts de tennis.

Le soir, la luminosité est très faible. Plusieurs fois, non seulement le chemin vers la chambre fut difficile à trouver… mais un jumeau est tombé en rencontrant un plot qui, la nuit, est invisible.

Et, plus particulièrement sur :

La beauté du site

« Bonne. »

La plage est plutôt belle. Les bâtiments sont d'inspiration architecturale locale et s'inscrivent bien dans le paysage.

Cela dit, un village façon Tunisie ne vaut pas un authentique village tunisien.

La décoration

« Moyenne. »

Entre banale et plate. En bref, invisible !

L'état de votre chambre

« Moyenne. »

Entre le bungalow, la case et la chambre d'hôtel bas de gamme.

Le « concept » de base de ces chambres, c'est que le client y séjourne peu, vu qu'il est dehors pour pratiquer ses activités. On a donc créé le minimum du minimum : une douchette, un lit médiocre, un balcon pas trop mal.

La propreté des chambres

« Moyenne. »

Poussière dans la chambre. Salle de bains et toilettes dans un état juste correct.

Il faut directement négocier avec les femmes de chambre ou les valets pour avoir un petit « plus » dans la mise en ordre et la propreté. Des pourboires récompensent ces petits « plus » en fin de séjour.

L'état du village

« Bonne. »

L'ensemble du village semble en assez bon état, sans excès de luxe. Pour le moins !

La réception

Que pensez-vous des services de la réception ?

« Moyenne. »

Les réceptionnistes sont très aimables dans les heures creuses et lorsque l'on pose des questions courantes[1]. Moins – sans doute sont-ce alors des périodes de stress – dans les heures de pointe (*check in, check out*) et lorsqu'on pose des questions « hors cadre » : les horaires de la promenade en chameau, le fonctionnement d'Internet dans les chambres. Les sourires s'estompent alors et sont remplacés par des mimiques de surprise ou d'hébétude.

Les réceptionnistes sont peu « proactifs » : ils n'ont pas une attitude active et volontaire d'accueil et d'information au client. Ils ne viennent pas à vous.

La capacité à répondre à vos demandes

« Moyenne. »

Quand il n'y a personne d'autre que vous en attente et que la question que vous posez est « prête-à-répondre », qu'elle suscite donc une réponse type, cela fonctionne. Sinon (voir plus haut) : toute question « hors cadre » est mal venue.

La facilité à téléphoner

« Moyenne. »

---

1. Attitude que l'on peut attribuer aux réceptionnistes de nombreux établissements hôteliers.

Pas de problème majeur si ce n'est le paiement. Il faut payer en dinars… qu'on n'a évidemment jamais sous la main au moment de téléphoner. Impossible d'utiliser Internet dans les chambres.

Le mode de paiement au village

« Mauvaise. »

On finit vraiment par s'y perdre entre les euros, les dinars, les carnets de tickets-monnaie du club, les dettes au bar quand on n'a plus de tickets. Sans compter que l'on paie en tickets au bar mais pas à la boutique ou au SPA : le mode de paiement varie selon les lieux.

Le Club A, dont un des principes fondateurs repose sur la consommation « sans argent » en fait dépenser beaucoup, beaucoup plus que si on l'« assumait » : on ne sait en réalité jamais ce qu'on paie. On dépense donc sans compter. Au sens vraiment propre du terme[1] !

L'animation

Comment avez-vous trouvé l'ambiance dans le village ?

« Moyenne. »

L'ambiance faussement festive tend plutôt à contracter celui qui n'y « rentre » pas.

Dans les années 1970, on se tutoyait entre membres. On le fait moins. C'est d'ailleurs sans doute mieux comme cela. Rien de pire qu'une syntaxe relationnelle forcée. Il reste

---

1. Excellent pour le *business* et pour les compulsifs de la consommation !

cependant un ersatz un peu frelaté de ces années dans l'ambiance, sans le contexte de l'après 68, de la croissance et de l'utopie fraternelle et généreuse, fondatrice du Club A.

Les jeux, toujours les mêmes au bord de la piscine avant le déjeuner et le dîner, radio crochets ou jeux de questions sont nuls, si nuls, nuls à pleurer !

Et, plus particulièrement :

L'animation dans la journée

« Moyenne. »

Ennuyeux. Peu d'imagination. Le chef de village – de plus en plus PDG et de moins en moins animateur –, accompagné de sa cour de collaborateurs, vient troubler les vacanciers sur la plage. Il fait sa promenade de l'après-midi, comme le Roi-sous-le-soleil et accomplit son devoir de petit monarque. Les uns et les autres se montrent plus qu'ils n'animent.

Les animateurs travaillent sans distraire. On dirait qu'ils n'ont pas – ou moins que dans le passé – de plaisir à faire ce qu'ils font.

Les spectacles

« Mauvaise. »

Le théâtre est pourtant beau et la salle est grande. De nombreuses compagnies rêveraient d'une salle de ce type.

On y joue le soir, assez tard vers 21 h 30, des comédies musicales médiocres en play-back, d'inspiration américaine, vues et revues, surtout lorsqu'on est un habitué du Club. Celles-ci sont interprétées par les animateurs (tous personnels confondus : animateurs de sports, administratifs, animation proprement dite, etc. qui en fin de journée, après leurs activités, font le show). On table sur une culture « populaire », sur des spectacles « faciles » d'accès. On est parfois agréablement surpris par un spectacle « cabaret » avec des animateurs qui chantent réellement.

On se demande pourquoi les dirigeants du Club ne font pas appel à de vraies compagnies ou de vrais chanteurs qui ne demanderaient qu'à se produire. Le Club A pourrait être ainsi un sacré lieu d'expérimentation culturelle et de rodage de spectacles vivants.

La table

Que pensez-vous de la restauration ?

« Mauvaise. »

Il y a là une vraie dégradation de ce qui fut le fleuron du Club A.

De la « grande bouffe » un peu scandaleuse – orgie de nourriture dans des contextes de tiers-monde affamé – des années 1960-1970, mais généreuse si l'on peut dire, on est passé à une restauration de gestion. Et les mets à gestion optimisée manquent de goût.

Les aliments sont rentabilisés : on aura des saucisses le matin au petit-déjeuner, à midi en salade et le soir en ragoût. *Idem* pour les légumes. Il n'y a plus de grillades copieuses et goûteuses (agneau, bœuf, poissons) à midi, comme dans le temps, sauf à un stand où il s'agit plutôt de poissons à arêtes et de chipolatas. On constate ainsi, à chaque bouchée, les soucis d'économie dans l'assiette.

Et l'on veut faire illusion. Alors on étale des plats fades et peu onéreux (tomates coupées, riz, semoule, poulet) sur des buffets géants, ce qui satisfait les gourmands, mais certainement pas les gourmets. L'ensemble n'est pas sans évoquer les cantines scolaires ou les (mauvais) restaurants d'entreprise (où les buffets sont d'ailleurs à la mode).

Et, plus particulièrement de :

La variété des menus

« Moyenne. »

Les menus sont variés mais pas les saveurs. On a l'impression qu'une sauce générique unique uniformise et banalise le goût des mets.

La présentation des plats

« Moyenne. »

C'est une mise en scène de l'abondance qui camoufle la réalité des produits. On appelle le client à engloutir de l'abondance !

L'aménagement/la décoration du restaurant principal

« Bonne. »

La décoration change en fonction des thèmes. Soirée italienne, tunisienne ou de gala. C'est fait de façon « kermesse », mais c'est assez bien et rapidement fait. Et parfois amusant.

Il n'y a pas, par ailleurs, de décoration spécifique du restaurant principal.

La qualité du service

« Mauvaise. »

Il n'y a pas de service. Il s'agit, comme dans les cantines, de self-service. Il faut repérer les différents tables-stands-buffets et se servir soi-même. Il y a toujours les mêmes files d'attente aux mêmes endroits : le grill, les spécialités. Dans cette sorte de restaurant-hangar énorme, il faut lutter pour exister, être astucieux et efficace.

Il faut donc travailler et être stratège : trouver sa table, repérer les différents buffets, choisir, attendre dans les files, se servir soi-même, transporter son plat, réserver sa place, revenir pour le dessert, etc. On passe, en réalité, son temps debout.

Le personnel est uniquement là pour desservir.

Le délai d'attente

« Moyenne. »

Pas trop d'attente. Mais des heures de pointe. Au risque de ne plus avoir beaucoup de choix, il faut éviter les 12 h 30 et 20 heures pile.

Les gentils animateurs (ou GA)

Quelle appréciation portez-vous sur les animateurs ?

« Moyenne. »

Il ne s'agit pas d'apprécier les personnes, car chacune a sa personnalité, son capital de sympathie et son niveau de compétence. Mais le concept de « Gentil Animateur » (dit affectueusement GA) fait passer bien des pilules.

Le tutoiement du client (heureusement moins systématique que dans le passé), la convivialité obligée, la familiarité permettent ainsi d'éviter toute appréciation critique, par le client ou l'observateur, sur le professionnalisme proprement dit. Autant vous pouvez protester dans un palace pour un mauvais service, autant ici, notamment pour les raisons évoquées plus haut, cela paraît incongru. Il est donc plus difficile d'émettre des critiques à un animateur sportif qui n'est pas très doué en pédagogie ou une animatrice du kids' club qui délaisse les enfants.

L'absence de distance entre les animateurs et les clients, voulue par l'organisation, limite ainsi l'exigence en matière de performances des animateurs. Le concept de « gentillesse », valeur marketing centrale du Club, peut noyer habilement « le poisson » de la compétence.

Leur disponibilité

« Moyenne. »

Les animateurs sont très occupés. Ils font beaucoup d'heures de travail dans la journée. Ils le montrent et le font savoir. Parfois, d'ailleurs, à qui veut les entendre, ils se plaignent du rapport temps colossal investi – ils logent souvent au Club même et ont des CDD[1] de saison – et rémunération faible[2].

Communiquer avec eux n'est pas chose aussi aisée qu'il peut *a priori* paraître. Le principal animateur – le chef de village – est devenu au fil du temps un « manager », chef, gestionnaire et leader un peu inabordable. Lui parler des difficultés qu'on rencontre – surtout dans cet univers de « gentillesse chloro-

---

1. Contrat à durée déterminée
2. On notera cette constante de salaires faibles, voire très faibles, notamment en rapport avec les heures travaillées, dans le monde de l'hôtellerie. Ce qui explique aussi les prestations moyennes en matière de service des personnels de ce secteur d'activité.

phormique » – et lui demander « en direct » un service parti-culier (changement de chambre, d'horaire de départ, etc.) relève de l'exploit.

Leur compétence

« Moyenne. »

Voir plus haut. Les compétences sont variables. On peut s'interroger sur la formation de base des animateurs des spectacles, de certains animateurs sportifs et surtout des ani-mateurs du kids'club.

Leur sens du contact

« Bonne. »

Mais la gentillesse formelle ne recoupe pas toujours la gen-tillesse du cœur. La gentillesse apprêtée n'empêche pas l'agressivité de fond et parfois le déni du client. Ou, encore, l'incompétence.

Les sports

Quelle appréciation portez-vous sur les activités sportives ?

Et, plus particulièrement sur :

La diversité des activités

« Bonne. »

Effectivement, il y a le choix des sports regroupés dans une zone restreinte. Il est intéressant de profiter de l'occasion pour s'initier à un sport nouveau (tennis, golf, tir à l'arc).

La compétence et la disponibilité des animateurs

« Bonne. »

Voir plus haut. Le tennis, le sport star au Club, est toujours très demandé.

La boutique

Quelle appréciation portez-vous sur la boutique ?

« Moyenne. »

C'est une boutique sans grande originalité qui favorise explicitement les produits assez chers et monolithiques de la marque du Club.

On regrette qu'il n'y ait pas une boutique plus dynamique dans la variété de ses produits et de ses prix, avec des clins d'œil plus appuyés à l'environnement culturel du pays d'accueil.

Le bar

Quelle appréciation portez-vous sur le bar ?

« Moyenne. »

Il faut quand même se glisser parmi la foule aux heures de pointe pour prendre un cocktail avec des olives.

L'ambiance bruyante est plutôt à la productivité qu'au service personnalisé du client. Les toasts d'apéritif – grossiers bouts de pain avec des tomates concassées – sont sommaires.

Les enfants

Quelle appréciation portez-vous sur le kids'club (4/10 ans) ?

Soyons justes, et surtout ne soyons pas trop ingrats par rapport au service réel rendu : l'appréciation est donc « bonne ».

Les enfants sont plutôt heureux au kid's club qui leur propose des activités variées et une vie « entre enfants » qui n'est pas désagréable.

L'idée de base est géniale : le Club s'occupe des enfants pendant que les parents vaquent à leurs activités vacancières d'adultes.

Dans l'ensemble, les activités se déroulent plutôt bien. C'est dans le détail – comme toujours – que cela se gâte.

L'accueil

« Moyenne. »

Théoriquement, c'est assez simple. Il suffit d'inscrire les enfants. Les parents les conduisent le premier jour. Et les laissent aux animateurs. C'est alors qu'advient pour les premiers, subrepticement, le lourd sentiment de culpabilité : ils « abandonnent » leurs enfants dans des mains étrangères.

C'est la capacité des animateurs du kid's club de rassurer les parents. Ils devraient le faire par une information précise du déroulement de la journée, de la semaine, et par un comportement rigoureux et « éclairé » en matière d'éducation – ou d'animation – des enfants. Cette information n'est pas toujours donnée et le comportement « éclairé » n'est pas toujours évident, en tout cas à première vue.

La qualité des animateurs

« Moyenne. »

Il y a une diversité d'animateurs. Certains semblent être là par hasard ou semblent pratiquer cette activité « par défaut », d'autres paraissent connaître leur métier. Il y a les « pros » et les autres.

La qualité des activités

« Moyenne. »

Elles paraissent attrayantes, éducatives et parfois originales à première vue : peinture, tir à l'arc, canoë-kayak, préparation d'un spectacle de théâtre, match de foot. Il n'est pas certain, cela dit, qu'au fil de la semaine, le kid's club ne perde pas en créativité et en souffle. On peut surprendre alors, au bout du troisième jour, les animateurs dans un rôle plus classique de surveillants-pions d'une « garderie » braillante.

Les repas entre enfants, prétendument variés, adaptés et diététiques, privilégient quand même les pizzas, les frites et les pâtes.

Les enfants, quand ils retrouvent leurs parents et l'autorité, ont un temps d'adaptation assez long. Ceci induisant sans doute que le mode d'animation au sein du kid's club est pour le moins « libéral » (on dirait aujourd'hui *cool*).

La remise en forme

Quelle appréciation portez-vous sur les services de remise en forme ?

« Moyenne. »

À l'image du reste. Le SPA semble parfait et c'est un service – désormais à la mode, donc partout – de plus. Mais cela se corse encore avec le détail qui tue.

Et, plus particulièrement sur :

Le cadre

« Moyenne. »

Les animateurs de l'accueil ne semblent pas très concernés par leur activité et encore moins passionnés. Il faut donc poser des questions. S'inscrire à une date pour un massage (c'est très vite complet). Il faut ensuite comprendre le système, une fois qu'on y est : le peignoir, le vestiaire.

Les soins, dans leur présentation à la carte, sont multiples en apparence mais se recoupent, et un massage, qu'il soit thaï, japonais ou français, du visage ou du corps, esthétique ou relaxant, d'une heure ou de vingt minutes, reste, dans sa réalisation, quoiqu'on dise, un massage !

Les masseurs sont gentils : ce sont donc des Gentils Masseurs (GM).

La compétence du personnel

« Moyenne. »

Ce ne sont pas des kinésithérapeutes toujours diplômés. Masseur est un métier qui ne nécessite pas de grandes vérifications de diplômes au moment du recrutement. Mais en général, semble-t-il, il n'y aurait pas trop d'effets négatifs sur les « massés ».

121

Le départ du village

Quelle appréciation portez-vous sur la qualité de « l'au revoir »

« Moyenne. »

À l'image du « bonjour » ou du « bonsoir » d'arrivée : « l'au revoir » est factice, fait de gestes d'adieu inauthentiques, de musique pseudo-locale.

Quelle appréciation globale portez-vous sur le temps qu'il a fait pendant votre séjour ?

« Moyenne. »

C'est un scandale ! Allez, là le Club n'y est pour rien ! Sauf à vous avertir de la météo théorique (présente d'ailleurs dans les guides) pour le séjour que vous avez choisi.

Ce dernier séjour vous donne-t-il envie de revenir au Club A ?

(Tout à fait – plutôt oui – plutôt non – pas du tout)

« Oui plutôt. »

Mais le Club A doit retrouver son âme. Car ce qui a fait le succès du Club A, c'est une série d'idées simples et originales qui aujourd'hui sont mises à mal :

- L'absence d'argent matériel : aujourd'hui, cette absence est partielle et l'appel à la consommation, quel que soit le moyen de paiement, est extrêmement visible, voire pressant ;

- La beauté des sites : les sites sont encore beaux, mais les concurrents hôteliers sont aussi présents sur ce marché et proposent des sites de rêve ;

122

- Les buffets généreux : ils sont certes abondants mais peu généreux, et surtout peu goûteux, la gestion est dans l'assiette ;

- La convivialité et les relations de proximité avec les animateurs : les animateurs deviennent de plus en plus des professionnels, mais pas toujours aussi bien formés que le client pourrait l'exiger, et peu rémunérés ; l'exploitation des personnels qui ne se voyait pas il y a quelques années commence à s'entrevoir ;

- La séduction et l'humanité du chef de village : celui-ci devient un « manager », un gestionnaire, un financier, moins drôle que sa réputation et moins à l'écoute de ses clients ;

- Les spectacles : ils paraissent aujourd'hui démodés, rin-gards, même s'ils ne sont pas mal fabriqués ; ils sont donc d'un niveau qui mériterait d'être rehaussé ;

- La multiplicité des activités, dont le sport : cela reste encore vrai, le côté « forfait tout compris » reste un argument de vente séduisant, mais d'autres le font aussi ;

- Le kids' club : cela reste encore un atout mais l'exigence en matière d'animation et de prise en charge des enfants augmente, la concurrence hôtelière met, de plus en plus, en place des activités organisées pour les enfants ;

- La prestation hôtelière : elle est de plus en plus som-maire, sans la compensation de l'ambiance conviviale décontractée ; la « gentillesse générale » ne compense plus la prestation ;

- Le rapport qualité-prix : la prestation n'est plus haut de gamme et, de ce fait, les prix sont chers.

Le Club A oscille, à l'intérieur d'un dilemme, entre deux identités, deux images possibles : celle du club de vacances

« moyen de gamme »[1] classique, avec une gestion optimisée, et celle d'une organisation atypique et généreuse – sa vocation d'origine, son âme – qui a fait sa fortune et aussi sans doute, à un moment donné, par excès, son déclin.

Un certain Gilbert Trigano écrivait, dans un numéro du *Courrier de l'Unesco*, à propos d'un club (un autre club, *of course* !) qu'il avait fondé : *« Le vrai succès du Club, ce n'était peut-être pas la qualité des services qu'il offrait, mais le fait d'avoir trouvé un moyen d'exprimer l'esprit du temps. [...] On a fait ce métier pour offrir aux autres ce que nous voulions pour nous-mêmes : découvrir la mer, vivre avec un corps qui respire. Il y avait cet énorme désir de découvrir des lieux nouveaux, de découvrir les gens, l'autre. »*

Voilà sans doute la question actuelle du Club A. : comment exprimer, à nouveau, aujourd'hui l'esprit du temps…

---

1. Ce chapitre fut écrit en 2004. Depuis une réflexion stratégique a pu être opérée par la direction du club en question.

Chapitre 6

Tendres petits croquis (mais néanmoins critiques) de services exquis

Ou... Comment encore l'auteur enquêta sur les petits commerces et autres services d'une ville proche de Paris d'où il esquissa ces croquis plutôt acides.

> *« Si le commerce était mieux fait, c'est le client qui ferait son prix. »*
>
> Marcel Aymé

À l'est de Paris...

A : Comment décririez-vous cette ville ?

B : C'est une petite ville, dit-on, où il fait bon vivre ! A l'est de Paris. Au cœur d'un grand parc boisé. Environ, 20 000 habitants. C'est assez joli...

A : On dit d'elle qu'elle est la « Neuilly de l'Est »...

B : N'exagérons rien...

A : C'est, semble-t-il, quand même une ville plutôt bourgeoise...

B : Plutôt... mais avec des contrastes et des contradictions...

A : Alors, dites-moi, qu'est-ce qui ne va pas dans cette ville ?

B : L'état d'esprit ! L'état d'esprit des commerçants ! On dirait qu'ils n'ont pas besoin des clients. Et qu'« acheter » chez eux constitue un honneur qu'on leur fait. Je n'ai jamais vu cela à ce point ailleurs !

A : Vous exagérez encore ! Tous les commerçants ne sont pas comme vous dites... Il y a sans doute comme ailleurs des bons et des mauvais...

B : Non ! Ici, il y a comme un concentré de mauvaise volonté...

A : Il n'y a peut-être pas assez de concurrence...

B : On dirait que les commerçants et, de façon générale, « les professionnels du service au particulier », professions libérales comprises, ne veulent pas vendre...

A : C'est parce que vous avez regardé à la loupe leurs comportements...

B : J'ai aussi expérimenté... pratiqué...

A : Vous devriez également observer les comportements positifs… Je suis persuadé qu'il y en a beaucoup plus que vous ne le dites…

B : Il y en a peut-être, en effet, mais j'évoquais surtout avec vous… comment dire… une impression générale… une atmosphère…

* * *

Avant le XVIIIe siècle, le mot « commerce » signifie « relations sociales ». Pour le commerce de proximité, cette dimension relationnelle paraît d'autant plus importante qu'elle est contenue dans la définition originelle du mot. Ce chapitre a donc pour ambition de regarder les commerçants, les artisans et les professions libérales à l'aune des relations qu'ils entretiennent avec leurs clients.

Ces professionnels sont ceux qui nous nourrissent, nous soignent, nous aident à vivre, nous dépannent. Ceux dont le service est ainsi, souvent, pour nous, précieux, vital. Ceux qui, également, animent avec leur personnalité, leurs services ou produits, et souvent leur talent, les villes et les quartiers. Exquis services, donc.

Ce chapitre est le résultat d'une observation subjectivement critique sur une période d'un an, dans un lieu précis, du comportement de ces professionnels que l'auteur expérimenta. On distinguera l'attente type du client et la réponse du professionnel. Certaines réponses sont en adéquation avec les attentes, d'autres sont en décalage.

Les attentes, on l'aura noté aussi dans les chapitres précédents, sont toujours doubles : elles ont un lien évident – et tant mieux ! – avec la raison sociale du professionnel (la réponse à ces attentes ne pose d'ailleurs pas de problèmes majeurs) mais elles sont aussi communicationnelles, psychologiques, humaines. C'est là, encore, que souvent le bât blesse.

C'est bien ce décalage, cet écart problématique, que nous voudrions ici repérer et mettre en relief pour signifier les dysfonctionnements qui nuisent à l'efficacité même de la relation de service. Il s'agira également, sans tomber dans l'écueil d'une typologie simpliste, de repérer, par l'exemple plutôt que par la démonstration, les comportements efficaces.

Les exemples vécus ou observés[1] par l'auteur sont pris à l'intérieur d'une seule petite ville – une sorte de Clochemerle un peu chic – de la banlieue est de la région parisienne. Ici, comme on le verra, la communication avec le client – au-delà de la compétence technique et des produits proposés – ne va pas de soi.

Les professionnels aux comportements problématiques

La pharmacienne : distante et embarrassée

Attente type du client : un conseil « de proximité » médical et paramédical en appoint du médecin, le traitement de petits soins en urgence, l'achat de médicaments.

---

1. Il s'agit ici de décrire des cas spécifiques, particuliers, de professionnels qui, selon nous, réussissent ou « échouent » partiellement dans le service offert aux clients. Notre intention est d'évoquer des professionnels – qui ne sont que des cas particuliers – et non pas des professions. Il va de soi qu'il existe sans aucun doute des généralistes communicants et des plombiers plus disponibles en tout cas que celui qui est présenté ici. De la même manière, il existe aussi probablement des coiffeurs qui n'écoutent pas et des libraires sans humour.

Comportement observé chez le professionnel : la pharmacienne se méfie des questions. Elle semble préférer la délivrance de médicaments. Elle est souvent gênée par la question. Elle montre une disponibilité relative. Elle se cache parfois derrière son comptoir, sachant que vous êtes du genre « questionneur »[1], lorsqu'elle vous reconnaît.

Les files d'attente aux heures de pointe sont longues. La dimension logistico-administrative inhérente au métier (pointage de l'ordonnance, recherche du médicament, traitement de la carte vitale et de la mutuelle, etc.) prend le pas sur le conseil. On le comprend bien sûr, mais on le déplore aussi. Peut-être la pharmacienne et ses collaboratrices, aussi[2].

À titre d'exemple, dans l'urgence, alors que des clients attendent leur tour pour être servis :

— Sur la main de Benoît, s'il vous plaît, est-ce une écharde ou une verrue ? demande la maman de Benoît.

— C'est une écharde, Madame. Enlevez-la donc avec une pince à écharde. Ou elle s'enlèvera toute seule. À défaut, il faudra effectuer une petite opération chirurgicale.

Ainsi répond la deuxième pharmacienne (il y a, en réalité, trois pharmaciennes dans cette officine, dont la patronne). Vérification trois jours plus tard auprès du dermatologue : Benoît a une verrue.

L'urgence ne conduit pas forcément au conseil perspicace.

---

1. Souvent assimilé, dans le « mauvais service », à « pénible ». Toute question est, dans ce cas, malvenue.
2. Grand nombre de pharmaciens souhaiteraient développer l'activité de conseil dans leur métier et prendre le temps d'aider les clients avec pertinence. Mais ils ne le peuvent pas, submergés, disent-ils, et on peut les croire, par les tâches administratives.

Le boucher : muet et arrogant

Attente type du client : un conseil, tant gastronomique – sur les morceaux de choix – qu'« écologique » et sanitaire dans une période de « vache folle » et de grippe aviaire ; l'achat de viandes goûteuses et fiables.

Comportement observé chez le professionnel : les bouchers – nombreux dans un petit espace – coupent, découpent, emballent ; la boucherie « qui marche » est pleine à craquer. La file d'attente est longue. La boucherie d'à côté, elle, est vide.

Le succès semble venir ici davantage de la réputation du commerce et de ses produits que de la communication. Le boucher et ses commis parlent peu. Si on leur demande un conseil de « morceau » de viande ou de cuisson, ils répondent à peine. Ils sont dans une sorte de chorégraphie à la fois agitée et silencieuse du découpage de viande. On n'entend pas une mouche voler. D'ailleurs, il n'y en a pas. Ce qui est plutôt bon signe. Si on leur demande encore des indications sur la traçabilité du « produit », cela commence nettement à les irriter. La question est déplacée, eu égard à l'établissement. La caissière affiche une fierté qui n'est pas éloignée de la morgue.

Le succès ne pousse donc apparemment ni à l'échange, ni au sourire et encore moins à l'humilité.

Le boulanger-pâtissier : expéditif et mal élevé

Attente type du client : le sourire d'abord, vu qu'on rencontre ce professionnel tous les jours, un conseil éventuel sur le choix désormais multiple de pains (céréales, noir, tradition, etc.), l'achat de pains et de gâteaux de qualité.

Comportement observé chez le professionnel : la boulangerie est pleine aux heures de pointe et la file d'attente longue. On ne vous dit ni bonjour, ni au revoir. Le sourire est absent.

À peine arrivé devant la caisse, on vous hèle, comme si l'on vous tançait :

— Oui ?

— C'est pour une baguette tradition et un flan, s'il vous plaît !

Votre phrase n'est pas tout à fait terminée que vous vous retrouvez dehors sans sac plastique pour y mettre le flan. *« J'aime la réalité : elle a un goût de pain »*, écrivait Anouilh. Ou de flan, tourné.

Dans cette boulangerie-ci, la communication est expéditive.

L'avocat : procureur d'abord

Attente type du client : un conseil en matière juridique dans des situations en général critiques (divorces, surendettement, faillites), un appui, une défense en cas de procès.

Comportement observé chez le professionnel : le premier qui vous attaque n'est pas celui qu'on croit. Cet avocat-là considère le client *a priori* comme coupable, ou tout du moins comme suspect. Il va falloir, d'abord auprès de lui, prouver son innocence. Il vous demande alors de raconter votre histoire avec netteté et si vous hésitez, sur un fait ou un chiffre, vous êtes pris alors en flagrant délit de faiblesse.

Votre véritable défense, c'est donc vous-même. Comme toujours. Si vous cherchez une maman qui vous rassure ou un psychanalyste neutre et bienveillant, vous n'avez pas frappé à la bonne porte.

131

On souhaiterait, surtout dans les moments difficiles de la vie lors desquels on vient le voir, un avocat plus empathique.

Le généraliste : moralisateur en diable

Attente type du patient : un diagnostic médical, un pronostic quant à la guérison de la maladie, une ordonnance éventuelle de médicaments et aussi, dans une certaine et moindre mesure, un appui psychologique. Dans tous les cas, *a minima*, une attitude neutre, sans jugement.

Comportement observé chez le professionnel : le médecin, tout compétent qu'il peut être, délivre ici une ordonnance, mais aussi une leçon de morale.

Si vous êtes dans l'état où vous êtes, ce n'est quand même pas sa faute, c'est donc la vôtre. Vous mangez trop, vous buvez trop, vous ne faites pas assez de sport, vous êtes venu trop tard ou trop tôt le consulter. En fait, vous méritez votre maladie.

Si vous craignez cette dernière sans en être atteint, c'est pire. Même si elle est à vingt-trois euros, la consultation est, pour lui, une perte de temps. Les médecins, disons-le, admettent d'encaisser l'argent des hypocondriaques, mais ils n'ont pas beaucoup d'estime pour eux.

Tout le monde n'est pas Knock.

Le traiteur de luxe : hautain et crispé

Attente type du client : des produits gastronomiques de grande qualité, un service attentif.

Comportement observé chez le professionnel : les produits sont de qualité et le service plutôt attentif, certes, mais crispé. On se demande d'ailleurs, alors, si le personnel ne vous fait pas la tête – oui, à vous personnellement ! – ou ne sort pas d'une longue dépression collective. La bonne humeur n'est en tout cas pas au rendez-vous. Si les asperges et le homard ont indiscutablement du goût, ils sont surtout plus avenants que le personnel qui sert. On a plutôt l'impression dans cette boutique de déranger un peu.

À la caisse, la dame, à qui vous reprochez de ne pas vous avoir livré en même temps que le buffet campagnard des couverts (c'est en effet plus pratique !) lors d'une réception récente, vous rétorque d'un air hautain qu'ils étaient en rupture de stock et que si vous n'êtes pas content…

Ici, il est clair que c'est le client qui doit mériter la boutique…

Le marchand de rideaux : compliqué et ingrat

Attente type du client : achat et pose de rideaux.

Comportement observé chez le professionnel : on achète en effet les rideaux sur échantillons, mais c'est l'après-vente qui se révèle problématique, comme souvent. Le poseur vient quand il peut, et il peut peu.

Il y a dans l'acte d'achat de ces rideaux-ci quatre étapes incontournables : vous choisissez les couleurs et les tissus, le poseur passe chez vous pour prendre les mesures, vous passez ensuite la commande définitive, le poseur vous pose enfin les rideaux. C'est lorsque les rideaux sont « en magasin » fournis par le grossiste et cousus par la couturière que le poseur se déplace. Étapes multiples, véritable *process* : cela peut durer plus d'un mois.

On vous téléphone la veille pour vous dire que le poseur va passer environ trois heures chez vous. Jour J, il pose donc enfin les rideaux mais c'est alors qu'il se rend compte qu'il n'a pas pris correctement les mesures. Il faut reporter l'opération à trois semaines. Si le temps, c'est de l'argent, ces rideaux ont coûté une fortune. Six mois plus tard, vous achetez de manière compulsive et joyeuse un dessus-de-lit dans le même magasin. Vous rentrez chez vous et vous rendez compte que vous vous êtes trompé – cette fois-ci, c'est vous – de dimension. Vous voulez alors l'échanger contre un autre. Il n'y en a plus. Vous demandez alors à être remboursé. On refuse et l'on vous délivre avec mauvaise humeur un « avoir » à utiliser dans les deux semaines qui viennent.

Le marchand d'électroménager : des allures de gangster

Attente type du client : achat de matériel électroménager, livraison et mise en marche des appareils commandés. Des explications quant au mode d'emploi sont toujours bienvenues.

Comportement observé chez le professionnel : si l'achat se réalise, c'est encore le SAV qui pose problème. Vous êtes ainsi livré à une certaine date, dans l'après-midi. Les livreurs vous amènent alors votre réfrigérateur avec une rayure qui le rend zèbre. Et vous avec.

Ceux-ci dénient un peu la rayure puis la reconnaissent du bout des lèvres, mais vous sermonnent sur votre attachement inutile au détail. Par principe, vous refusez l'appareil. Ils parlementent. Face à la fermeté de votre position, ils font déplacer le responsable. Qui demande à être payé tout de suite, sinon il ne l'échange pas. Il s'installe alors chez vous : il s'assoit dans un de vos fauteuils, dit qu'il a le temps d'un air menaçant et attend le chèque. Façon mauvais film noir américain.

Le service d'aide à domicile (municipal) : nounou délinquante

Attente type du client : recherche de nounou fiable, diplômée. Attente d'un service en termes d'éducation et de sécurité des enfants garanti.

Comportement observé chez le professionnel : « la nounou » chaudement recommandée par le service municipal arrive avec son diplôme d'études approfondies de sciences de l'éducation tout frais. Plutôt rassurant. Ce jour-là, il fait froid. Elle va promener Théo, 4 ans, au parc. Le vent souffle. Les parents, au retour du travail, la croisent tenant la poussette d'une main et le portable de l'autre. Théo est débraillé. Les parents lui indiquent que le petit Théo devrait être couvert, vu le temps. Et l'anorak fermé. Elle répond que c'est un point de vue et qu'elle ne le partage pas. Ils lui demandent alors de ne pas revenir le lendemain. De fureur, elle jette les clefs de la maison qu'on lui avait confiées par-delà un mur.

Le plombier : improbable

Attente type du client : c'est l'urgentiste des fuites d'eau ou des bouchages d'éviers. Le Batman des salles de bains inondées. Le roi des joints. On est toujours heureux de le voir arriver.

Comportement observé chez le professionnel : ce plombier-ci répond assez vite, mais mesure l'urgence de la demande. S'il n'y a pas péril en la demeure, il faut bien compter – s'il n'oublie pas – deux à trois mois de délai pour réparer. S'il y a péril, il se déplacera en vous faisant bien comprendre que c'est parce que c'est vous. La note finale sera salée.

Le client a une double attitude tactique possible face à l'énergumène dont il a besoin : soit il dramatise sa situation – il peut même pleurer pour l'émouvoir – pour le faire intervenir vite, soit il prend un rendez-vous à trois mois, comme avec un grand chirurgien… Le risque de cette deuxième option, c'est que la maison tout entière, entre-temps, a des chances d'être sinistrée. Soit il s'adresse à quelqu'un d'autre, assez simplement.

Cet artisan débordé a ainsi un carnet de commandes très plein. Comme on le sait, « plombier » est un métier formidable sur ce plan.

Le restaurant de notables : convenu et interminable

Attente type du client : c'est un restaurant où l'on peut inviter ses clients et sa belle-famille. Ce restaurant, vide de concept, limite tout risque.

Comportement observé chez le professionnel : on y mange des plats classiques, sans surprise. Le service est très long (arrivée 13 heures, départ 15 heures, minimum) et, même si vous avez réservé depuis longtemps, on vous fait bien sentir et comprendre que vous êtes vraiment privilégié d'être ici.

L'atmosphère y est convenue et le maître d'hôtel prend votre commande sans vous regarder. L'addition est à l'image de l'établissement : ultra-prétentieuse.

Quelles sont alors, à travers ces exemples, les attitudes contre-commerciales de ces professionnels dans le comportement de service au quotidien ?

Distinguons-les :

- L'indisponibilité relationnelle ;
- L'absence d'écoute et d'empathie ;
- Un faible niveau de fiabilité ;
- L'irritabilité, voire l'agressivité, et la mauvaise foi ;

- Une forme de mépris (notamment quand l'affaire est faite) du client.

Ces cinq attitudes de non-service se résument en une seule : le déni du client comme personne. Celui-ci est ainsi instrumentalisé. S'il est éventuellement source de gains pour le commerçant, il est aussi cause d'ennuis ou de tracasseries, et on le lui montre. Il dérange.

Mais il y a aussi les professionnels qu'on a envie de revoir.

Les professionnels qu'on a envie de revoir

Le coiffeur : amical et plein d'humour

Attente type du client : une coupe bien réalisée, un moment libérateur de détente « narcissique », une pause dans la tourmente.

Comportement observé chez le professionnel : non seulement le coiffeur coupe avec talent, mais il sait écouter. Ce qu'il ne coupe jamais, c'est la parole (voir ci-dessous).

Il travaille seul, il est spécialisé dans la coupe de cheveux masculine. On lui raconte tout : peines de cœur, soucis d'argent. Il écoute en coupant les cheveux. Parfois en quatre. Et l'on y revient parce que ce salon est autant utile qu'agréable. Il fait de la psychanalyse populaire sous prétexte de coupe de cheveux. Il anime finalement autant un salon de coiffure que de communication. C'est le dernier vrai « salon où l'on cause ».

L'humour, même s'il est un poil caustique, fait partie du cadre. Entretien express avec notre coiffeur :

— *Jean, quel est votre métier ?*

— *Je suis coiffeur spécialisé dans la coupe pour hommes.*

— Quel est le nombre de clients journalier qui fréquente votre salon ?

— Entre quinze et vingt.

— Quelle est, selon vous, la première des attitudes pour satisfaire le client ?

— C'est, dans l'ordre, l'accueil, la gentillesse et la coupe. La coupe de cheveux, lorsque les gens sont en confiance, n'est plus un souci pour personne.

— Quelle est donc votre recette de communication, quand on sait que votre salon est toujours plein ?

— Je communique avec mes clients comme avec des amis. J'évoque avec eux les problèmes de famille ou professionnels dont ils m'avaient parlé lors de leur dernière visite. Ils ont le sentiment alors qu'ils sont uniques. C'est ce qui me distingue sans doute de certaines « chaînes ».

— Quel est le mot clé magique de l'attitude commerciale ?

— La sympathie envers les personnes.

— Avez-vous un exemple des effets de cette sympathie ?

— Une personne, qui a déménagé il y a trois ans du quartier, vient de loin se faire coiffer chez moi parce qu'elle est sensible à l'accueil et au climat du salon.

— A contrario, vivez-vous des expériences négatives de service ?

— Il y a parfois des difficultés avec certains retraités qui sont paradoxalement pressés et qui se ruent chez moi le samedi alors qu'ils pourraient venir à d'autres moments.

— N'êtes-vous jamais conduit à dire non ? Ou à gérer des conflits ?

— Il m'arrive de dire non lorsqu'un client manque d'hygiène ou lorsqu'il est en état d'ébriété. Autrement, je dis plutôt oui. Il m'arrive de gérer des tensions sur le « trop court » ou « trop long » de la coupe. Mais c'est tout à fait gérable et bénin.

— Qu'attendent donc les clients, de façon générale ?

— Ils viennent au salon comme au théâtre : c'est un spectacle vivant auquel on participe. C'est distrayant et instructif.

— Pourriez-vous être remplaçable ?

— Techniquement oui, mais la compétence du coiffeur s'étend à la communication. C'est ce qui fait la différence d'un coiffeur à l'autre.

— Comment équilibrez-vous la productivité nécessaire au compte d'exploitation et la qualité de service fournie au client ?

— Je consacre une demi-heure théorique à chaque client pour une coupe moyenne à vingt-deux euros. C'est un rapport qui me convient. Le temps contribue à la qualité. Mais je travaille beaucoup.

— Lorsqu'on vous demande une coupe qui n'est pas à votre goût, que faites-vous ?

— Je m'adapte au client. Cela ne m'enchante pas toujours, mais, cela dit, j'apprends aussi des clients. La mode vient souvent de la rue.

— Le mot « service » s'applique-t-il bien au métier de coiffeur ?

— C'est rendre service que de couper les cheveux, c'est répondre à un besoin.

Le quincailler-droguiste : bazar et communication

Attente type du client : trouver la tapette pour la souris, la lessive que l'on a oublié d'acheter au supermarché, la vis introuvable, le conseil en gestion « ménagère ».

Comportement observé chez le professionnel : la patronne répond à toutes les questions, même les plus saugrenues, sans ciller ni sourciller. Incroyable inventaire surréaliste de produits incroyables.

Le quincaillier est d'origine indienne et reproduit ici les bazars orientaux. On peut donc tout trouver : des lessives, des clous, de la vaisselle. Le désordre fou apparent recouvre en réalité un ordre minutieux : chaque chose est à sa place et les choses ne manquent pas. Quand on lui demande un article, il le trouve.

Certes, c'est plus cher qu'ailleurs, mais il y a le choix et « ça » communique avec bonne humeur.

Le poissonnier du marché : un brin sonore mais enthousiaste

Attente type du client : dénicher du poisson frais à l'étal, des soles françaises dodues, du bar sauvage, un service personnalisé. Acheter le dimanche, petit plaisir minuscule[1] s'il en est, quand il fait beau, et que le marché de la place bat son plein.

Comportement observé chez le professionnel : les commis poissonniers du marché (souhait : que perdurent à jamais les marchés traditionnels où le sens du service au client est tellement fort !), nombreux proportionnellement à la sur-

____

1. Allusion au livre de Philippe Delerm, *La Première Gorgée de bière et autres plaisirs minuscules*, L'Arpenteur, 1997.

face allouée, interpellent, comme à la criée, non sans humour et en le provoquant, le chaland. Ils sont joyeux, entreprenants. On les entend de loin. Les poissons sont frais, luisants, appétissants. La sole est, ce dimanche-ci, le poisson star.

On connaît l'anecdote de Paul Claudel à propos de ce poisson : *« La sole avant de mourir laisse cet héritage inestimable : sois plat ! »*

— J'en souhaiterais six en filets !

— Sans problème, revenez dans un petit quart d'heure.

Et les soles magnifiques, accompagnées de citron et persil offerts, sont emballées dans du papier adéquat et installées dans un sac en plastique. Prêtes à frire. Ici le service est compris.

Le médecin spécialiste[1] : sûr de lui et précis

Attente type du client : un diagnostic précis en complément du premier avis du généraliste, une prescription idoine.

Comportement observé chez le professionnel : ce médecin très précis adopte, dans le comportement, une « directivité bienveillante ». Celle-ci se révèle efficace dans la relation au malade.

Il est précis dans le diagnostic, dans le pronostic, dans l'ordonnance. Il est donc rassurant. Il n'a aucunement

---

1. Nous aurions pu inverser les exemples : un médecin généraliste – un autre méde-cin rencontré par les auteurs que celui qui est cité plus haut – ayant un comporte-ment positivement professionnel et un spécialiste – non rencontré mais probable – sans écoute. Comme quoi, ainsi que nous l'avons déjà dit, il s'agit de décrire ici avant tout des hommes, dans leur diversité, en train, singulièrement, d'accomplir leur métier.

besoin de consulter le *Vidal* pour prescrire des médicaments adaptés et efficaces. Non seulement il est censé savoir, mais il sait et il sait sans arrogance. Il montre une confiance en lui souriante qui met en sécurité et détend le patient.

Le marchand de journaux : l'animateur de débats

Attente type du client : un choix de presse quotidienne, des hebdomadaires, un rayon papeterie de dépannage, un carrefour de communication du quartier, à l'instar et à côté du bistrot (voir ci-dessous).

Comportement observé chez le professionnel : le commerçant est agréable, serein, un rien « père tranquille ». On achète ici les journaux, les livres (souvent sur commande), des crayons et des gommes, et le crédit est possible.

On commente l'actualité avec lui. C'est un as de la contradiction : quand on est politiquement de gauche, il est de droite, et l'inverse. Il est indiscutable qu'il fait avancer le débat national et la démocratie.

Le marchand de vin : l'œnologie au coin de la rue

Attente type du client : une aide au choix de vins, d'alcools divers, un conseil en matière d'œnologie et, conséquemment, de gastronomie.

Comportement observé chez le professionnel : le patron – et son épouse – de ce magasin franchisé est à l'écoute des clients et très précis en matière de conseil.

Si dans le vin il y a, dit-on, la vérité, eux vous exposent avec pédagogie la vérité plurielle et contrastée des vins. Et le client, s'il n'est pas encore un adepte, est déjà un ami. Comment marier un plat avec un vin est, chez eux, tout un art qu'ils font partager au client avec un mélange subtil de rigueur, de simplicité, d'humour et de passion. *In vino veritas.*

Le libraire : la culture à proximité

Attente type du client : un choix varié de livres classiques et d'actualité dans une petite ville où les librairies ne sont pas nombreuses, un conseil « littéraire » éclairé.

Comportement observé chez le professionnel : le libraire, cultivé, est – faussement – décontracté. Il est en fait très au clair avec l'état de son stock et connaît les titres et les auteurs. La librairie est belle et admirablement organisée. L'humour, qui est l'élégance du sérieux, est ici la loi : on rit d'un peu de tout, ce qui ne nuit pas aux affaires, loin de là.

Le « petit » restaurant de quartier : goûteux et bon enfant

Attente type du client : on y invite sa petite amie, ou sa grande, ses amis pour la cuisine, simple et de qualité (les mots ne sont pas contradictoires) et l'ambiance.

Comportement observé chez le professionnel : la cuisine est bonne, copieuse. La patronne sert elle-même en chantonnant, tandis que son mari est aux cuisines.

On est presque heureux de régler l'addition, qui nous paraît « moralement » juste. On pense à cette maxime de Brillat-Savarin : « *Recevoir quelqu'un, c'est se charger de son bonheur pendant tout le temps qu'il est sous votre toit.* » Repas heureux donc.

Le bistrot du coin : simple et chaleureux

Attente type du client : on y déjeune à midi « à la bonne franquette. » Le plat du jour ne dépasse pas les 10 euros…

Comportement observé chez le professionnel : certes le bistrot est très bruyant et il est difficile de trouver une place au bar, bondé, ou dans la salle, pleine à craquer. Monsieur Pascal, le barman, bougon, a une mauvaise humeur de façade à laquelle personne ne croit.

L'endroit ne manque pas de chaleur et l'humour est omniprésent. Tous les plats sont préparés avec générosité par un jeune chef qui adore faire plaisir.

La station-service : les derniers qui restent

Attente type du client : être servi peut-être plus encore qu'obtenir de l'essence.

Comportement observé chez le professionnel : le service participe ici de l'image de marque. En ce qui concerne l'essence, c'est bien plus banal. Le prix est donc le même qu'ailleurs, mais ici on est servi. Et, client, on n'en devient que plus généreux : deux euros de pourboire qu'on laisse ainsi au personnel souriant.

Quelles sont alors les attitudes efficaces de ces professionnels dans le comportement de service au quotidien ?

Repérons-les :

- L'expertise assumée (on a l'impression qu'ils font leur métier avec compétence et plaisir) ;
- La pertinence du conseil (adaptation à l'attente du client, précision) ;
- Le sens de l'écoute, l'empathie ;
- La bienveillance vis-à-vis du client ;
- La bonne humeur et l'humour (toujours contagieux) ;
- Une forme de générosité (savoir donner).

Ces six attitudes se résument en une seule : la reconnaissance du client comme personne. Le client n'est pas instrumentalisé. S'il est éventuellement source de gains pour le commerçant, il est aussi source de plaisir, il crée l'occasion d'une rencontre.

Chapitre 7

La « samouraï attitude »

Ou… Arrivée de l'auteur dans l'empire du Soleil levant – il aurait pu se rendre ailleurs mais il fut curieux de ce pays-là – pour tenter de voir ce qu'il ne voyait plus désormais chez lui, ce qu'il y vit donc et ce qui l'étonna.

« Avancer n'est pas une affaire de loin ou de près. »

Shih-t'ou, maître zen

Le jardin zen

LUI : C'est beau !

L'AUTRE : Oh oui ! Oui… *(Un temps.)* C'est épuré !

LUI : C'est magnifique !

L'AUTRE : Comme vous dites ! Mais je ne dirais pas comme vous : c'est beau ! Ou magnifique ! Je dirais plutôt : c'est épuré ! Il y a très peu d'inutile !

LUI : Vous entendez ?

L'AUTRE : Quoi ?

LUI : La mer !

L'AUTRE : La mer ! Vous plaisantez ? La mer… Je ne la vois pas et je n'entends rien !

LUI : Si ! Si ! Écoutez ! Écoutez bien ! Tendez bien l'oreille !

L'AUTRE : Mais il n'y a pas la mer ! J'observe juste deux petites roches… au milieu d'une surface rectangulaire recouverte de graviers… Deux petites pierres et du gravier… C'est le jardin zen…

LUI : Excusez-moi d'insister mais n'entendez-vous pas les vagues ? Écoutez bien… *(Long silence.)*

L'AUTRE *(brisant le silence)* : Non ! Je vous ai dit que non… je n'entends pas la mer. Juste un petit souffle, peut-être. Comme une respiration retenue.

LUI : Regardez ! Regardez ! L'écume blanche qui lave les rochers ! Le soleil qui joue avec les vagues…

L'AUTRE : Je ne vois rien de ce que vous voyez…

LUI : Parce que vous êtes attaché au sens ! Détachez-vous !

L'AUTRE : Quoi ?

LUI : Vous refusez d'être insensé…

* * *

« L'esprit samouraï[1] » en action

« Place au samouraï ! Le regard baissé, les badauds s'écartent sur le passage de l'orgueilleux guerrier qui remonte à cheval une rue encombrée d'Edo, le futur Tokyo. La scène se déroule au début du XVIIIe siècle, mais elle aurait pu avoir lieu un siècle plus tôt ou un siècle plus tard, tant la société du Japon féodal était figée. »[2] Les samouraïs – le mot signifie « celui qui sert » –, cette élite militaire, ces chevaliers nippons, au service de l'empereur ou du *shogun* (« commandant en chef ») ont porté, dans l'histoire, de manière exemplaire, les valeurs du Japon traditionnel : la passion de servir, la combativité ardente, la maîtrise de soi, le principe absolu de loyauté jusqu'au sacrifice de sa propre personne (*seppuku*, le suicide par éviscération) en cas de défaite ou de déshonneur.

Ces valeurs samouraïs participent sans doute, même aujourd'hui, de la culture et de l'imaginaire nippons. Elles sont inscrites durablement dans l'inconscient collectif. Elles contribuent aux comportements sociétaux, et aussi de service, observables ici et là, dans la vie quotidienne du Japon moderne.

Mais « l'esprit de service » trouve aussi son origine dans la combinaison pragmatique du confucianisme, du shintoïsme et du bouddhisme, ces religions-philosophies si sensibles à la prise en compte de l'autre et sans doute aussi, plus récemment, dans l'extraordinaire et fougueux désir nippon – fougue toute samouraï – de se relever économiquement, par le commerce et le *business*, de l'humiliation subie lors de la défaite de la Seconde Guerre mondiale.

---

1. Numéro spécial du *National Geographic*, janvier 2004.
2. *Ibid.*

Mais allons plus loin.

Le groupe prime sur l'individu

« *Les Japonais ont du mal à concevoir des rapports d'égal à égal en société : celui qui vend un service est toujours l'obligé de l'autre* », observe Gilles Debry, directeur général de Mitsubishi Europe[1]. C'est cette considération forte du client, si dégradée chez nous, qui nous conduisit à visiter le Japon. Celui-ci pouvant, en effet, apparaître encore comme « un des » sinon « le » pays du service optimum.

Et puis n'est-il pas nécessaire, à l'heure de la mondialisation et des interrogations sur la pertinence et l'efficacité du capitalisme mondial, de comparer les systèmes et les performances ? *Quid* donc du service dans les autres pays que l'Hexagone ? *Quid* donc du Japon ?

Cette mentalité nippone de service, sans doute élaborée au cours des siècles – dont la subordination formelle du « vendeur » au client est un des signes patents –, prend sans doute ses sources dans l'histoire et la culture de ce pays. Les valeurs centrales en sont la recherche du *wa* (« harmonie ») – dont l'horreur manifeste des Japonais face au conflit ouvert est le premier des signes –, associée à celle du consensus. On peut y ajouter un sens certain de la hiérarchie – marquée par une codification très précise des rapports sociaux[2] – et une prédominance de la notion de

---

1. *In Ressources humaines et management*, juillet 2003.
2. Les Japonais sont très sensibles à l'usage de la « carte de visite » qui précise, au-delà des coordonnées, le titre et le grade de l'interlocuteur, pour permettre une communication adaptée et un éventuel protocole.

groupe sur celle de l'individu. Ainsi un Japonais – un *sala-ryman*[1] – à qui l'on demande ce qu'il fait donne souvent le nom de sa société avant d'expliciter sa profession.

Ce dernier point – la priorité du groupe (à la différence de nos sociétés où l'individu partout prime et, plus que jamais, dans la période actuelle) – peut sans doute expliquer aussi, en matière de service, le désir d'excellence des Japonais[2]. En effet, la volonté de fournir un service parfait recouvre l'angoisse de ne pas faire perdre la face au groupe – l'entre-prise, la marque – auquel on appartient. Denise Flouzat[3], dans *Japon, éternelle renaissance*, observe : « *Uchi, ceux du dedans, c'est soi-même, le groupe de ses relations profession-nelles, son entreprise, et au niveau supérieur, le Japon.* »

« *L'ongle qui dépasse sera écrasé* », déclare encore un dicton populaire japonais.

Des « serviteurs » par milliers

Bien entendu, il y a d'autres « entrées » que la culture pour aborder et comprendre le service nippon. Le Japon est un pays bien plus petit que la France (370 000 contre 550 000 m[2]), il compte pourtant plus du double de la popu-lation française (près de 140 millions d'habitants). Ce qui explique l'une des caractéristiques premières du service à la japonaise et, de manière générale, en Asie : les salariés sont nombreux, ceux du service aussi. Le nombre de « servi-

---

1. Les *salarymen* d'une même entreprise se retrouvent ensemble dans les bars après le travail et avant de rentrer chez eux.
2. « *Le "je" est défini, en fonction de la circonstance, par sa relation à l'autre : sa vali-dité est occasionnelle, au contraire de ce qui se pratique dans les langues euro-péennes, où l'identité s'affirme indépendamment de la situation.* », note Hisayasu Nakagawa dans son *Introduction à la culture japonaise*, PUF, 2005.
3. Denise Flouzat, *Japon, éternelle renaissance*, PUF, 2004.

teurs », maillons complémentaires de véritables chaînes humaines, participe sans doute de la réactivité et de la qualité du service dans ce pays.

À Tokyo, le nombre de personnes est très rapidement observable, voire, aux heures de pointe, spectaculaire. On y voit au quotidien, des hommes et des femmes, par grappes ou solitaires, le téléphone portable à la main, courir et s'affairer dans tous les sens. Ce sont sans doute des hommes ou des femmes des entreprises de services, managers ou employés. À la sortie des bureaux, près des gares, vers dix-huit heures, on est impressionné par la densité de la foule. Les restaurants, les hôtels, les banques, les grands magasins ne manquent ainsi pas de personnels en nombre. Le chômage est faible. La misère peu visible. L'activité bat son plein. Il n'y a pas vraiment d'heure pour déjeuner ou dîner. On consomme et l'on sert tout le temps. On sert et l'on est servi tout le temps.

La mise en scène du respect

Mais alors quels sont donc les signes extérieurs de cet esprit de service ? Peut-on en faire un inventaire exhaustif ? La liste serait longue dans cette culture très ritualisée. Mais ce qui frappe tout d'abord l'œil de l'observateur étranger, c'est le rituel de la courbette. On se courbe beaucoup au Japon. Si l'on devait évaluer le service nippon au nombre de courbettes observées, il est clair qu'il serait le premier du monde.

« La forme est vide, dit – et redit un mot bouddhiste. C'est ce qu'énoncent, à travers une pratique des formes (mot dont le sens plastique et le sens mondain sont ici indissociables), la

politesse du salut, la courbure de deux corps qui s'écrivent mais ne se prosternent pas », écrit Roland Barthes à propos des courbettes[1].

C'est sans doute, donc, à la différence du comportement occidental, parce que les Japonais n'ont pas le sentiment d'être serviles qu'ils se révèlent serviables. On fait la révérence. Celle-ci est autant « scripturale » que spirituelle. De manière un peu sèche, un peu brute sans doute, mais on la fait souvent. On se courbe une fois, deux fois. Devant son patron. Devant le client. Devant l'usager. C'est le signe – la signature dans ce pays de calligraphie – le plus visible de la relation « obligée » et courtoise à l'autre, et notamment au client.

Il y a ainsi, observable un peu partout dans le pays, une chorégraphie cérémonielle des relations humaines quotidiennes produite par ces signes de déférence. Au centre de ces ballets d'apparences, règne une valeur pérenne au Japon : sans doute le respect (en tout cas formel) envers autrui, et, au-delà, celui, bien compris, des places et des rôles. Et les Japonais créent au quotidien une forme d'écriture jolie et polie des relations humaines. Un style social, en quelque sorte, sociétal, qui exclut la violence, la contenant sans doute par ce biais et aussi la détournant. Fantasme comique (peut-être pas si comique que ça, pourquoi pas ?) : imaginons le rituel de la courbette systématisé en France !

---

1. Roland Barthes, *L'empire des signes*, Flammarion, 1970.

Le sourire est partout

Le premier outil de communication au Japon n'est pas la langue, mais le sourire. Un proverbe de la Chine voisine le rappelle : *« L'homme qui ne sourit pas ne doit pas ouvrir boutique. »*[1] On est frappé, lorsque l'on vient de France, de l'omniprésence du sourire au Japon : sourire des grooms dans les hôtels, des employés de banque, des taxis, des commerçants, des restaurateurs, des contrôleurs de train. Même s'il est parfois un peu figé, et qu'il trahit (pour nous) un peu trop l'intention professionnelle, il n'en reste pas moins, car contagieux, une technique appliquée de lissage, plutôt efficace, des relations humaines. On sourit en effet beaucoup au Japon, en retour, parce qu'on vous sourit. Il y a donc une ambiance de gaieté obligatoire et réciproque, parfois agaçante, mais qui vaut bien celle, plus hexagonale, de la déprime ou de la mauvaise humeur tant à la mode.

Tokyo encore, août 2003, Impérial Hôtel. Nous sommes situés à l'immense « café » dans le non moins immense hall climatisé de ce palace. Une première personne souriante nous fait patienter à l'entrée, en attendant le maître d'hôtel. Celui-ci, souriant, ne tarde pas à arriver et nous accueille. Il nous place, de manière ferme, déterminée. Une serveuse, souriante, vient rapidement nous apporter (c'est systématique dans ce pays, comme en Italie) un verre d'eau frais (qu'il faut tant négocier en France). Nous passons la commande à une autre jeune fille, souriante également, qui va nous servir. Nous irons payer notre café (certes à 1 000 yens, soit 7,50 euros environ !) plus tard à la caisse, c'est-à-

---

1. En exergue de *Service compris,* Philippe Bloch, Ralph Hababou, Dominique Xardel, Lattès, 1986.

dire à une autre personne encore, souriante cela va sans dire. Le hall de cet hôtel fourmille d'employés de service souriants et empressés.

La prise en charge du client

De la même manière, pour monter à la chambre de l'Impérial Hôtel, une *lady-groom* souriante à chaque ascenseur vous hèle un bonjour en langue nippone, vous guide et se courbe (deux ou trois fois) lorsque vous y rentrez.

C'est le même phénomène à la banque : tout le monde sourit. Et chose de moins en moins fréquente en France, on n'a pas l'impression de déranger. Quatre personnes sont là pour vous accueillir. Une à l'entrée qui vous oriente, une autre qui vient vers vous pour vous demander l'objet de votre visite, une troisième qui vous fait remplir la fiche d'information nécessaire à l'opération bancaire que vous allez effectuer, et une quatrième, au guichet, qui effectue l'opération. Les guichets sont si espacés entre eux qu'il est impossible d'entendre quoi que ce soit d'indiscret. S'il y a un peu d'attente, vous pouvez patienter dans les confortables fauteuils club, en regardant la télévision sur grand écran. L'attente – incontournable certes, mais si difficilement compatible avec le bon service – est gérée ici de façon à ce qu'elle se déroule de manière agréable et distrayante.

On remarque ainsi dans les services (hôtellerie, banque) une façon d'accueillir qui masque toute humeur latente possible : si l'on sourit et si l'on est agréable avec le client, on ne lui fait pas ainsi partager son humeur – mauvaise ou non, d'ailleurs. On maîtrise son humeur. Et ses émotions. On est professionnel d'abord. À sérieusement méditer !

Un capitalisme ouvert

Il y a bien dans la tradition orientale, et peut-être plus encore extrême-orientale, en tout cas elle est patente au Japon qui lui confère une dimension spécifique, une recherche de l'harmonie formelle (*wa*) entre les êtres – une manière d'« excellence relationnelle » – pouvant détrôner, dans la hiérarchie des valeurs, la quête tout occidentale de la vérité – que l'on confond si souvent avec l'absolu péremptoire du point de vue ou avec le mécanique et creux argumentaire de vente.

Nous sommes dans l'« empire des signes », pour faire encore référence à l'ouvrage de Roland Barthes. Une sorte, pour aller vite, de « cérémonie du thé » à l'échelle d'un archipel. Même si cette cérémonie ne relève pas toujours de l'art pour l'art et qu'elle vise aussi le profit.

On pourrait d'ailleurs s'interroger avec André Comte-Sponville sur la réalité – ou l'originalité – du capitalisme japonais[1]. Le philosophe décrit la réalité du capitalisme de la manière suivante : « *Dans un pays capitaliste, l'entreprise est au service de ceux qui la possèdent – propriété vaut usage –, c'est-à-dire des actionnaires, bien plus que des clients ou des salariés.* » Gilles Debry[2], quant à lui, précise que « *l'entreprise japonaise réunit cadres dirigeants et personnel au service des clients et les actionnaires sont en retrait. Le conseil d'administration ne compte ni capitaliste individuel, ni représentant des actionnaires. Les* keiretzu *(ou « groupes d'entreprises »)* ont stabilisé leur actionnariat par échanges d'actions entre leurs membres* ».

---

1. Entretien André Comte-Sponville, Michel Onfray et Jean-Louis Servan-Schreiber *in Psychologies*, 2004.
2. *In Ressources humaines et management*, juillet 2003.

La confiance
au centre de la relation client-fournisseur

Voyons maintenant la négociation. Comment négocie-t-on au Japon[1] ? Dans ce pays existe un interdit comportemental majeur : le marchandage, surtout quand celui-ci est « joué » avec un rien d'arrogance, à l'occidentale, par le client face au marchand. En cela, les Japonais se démarquent des vendeurs de Marrakech. Le marchand nippon est censé offrir au client le meilleur prix. Contester ce prix relève de l'agressivité ou d'une défiance inopportune, déplacée. Lui faire remarquer que ce n'est pas le bon prix, c'est l'offenser, c'est lui faire perdre la face.

Un acheteur français en train de discuter le prix d'un meuble ancien avec un antiquaire de Tokyo raconte que ce dernier, semblant soudain aller dans l'arrière-salle, avait provisoirement et volontairement quitté son magasin, préférant le laisser ainsi seul, et perdre la vente, plutôt que de marchander. Ce client occidental avait rompu, par le marchandage, « l'harmonie » et introduit la suspicion. Le prix de la relation est pour les Japonais supérieur à celui de la vente. La confiance réciproque est au centre de la relation client-fournisseur. À méditer encore dans nos contextes occidentaux du « tout est négociable » et où la défiance poussée jusqu'à la paranoïa régit les rapports de *business*. Et ce proverbe zen : « *Abuser les gens est folie.* »

---

1. Voir les huit principes de la négociation à la japonaise *in Négocier avec succès* de Jean-Paul Guedj et Jean-Baptiste Ferrero, Éditions JPG Conseil, avril 2005.

La valeur ajoutée du détail

On ne peut pas traiter du service au Japon sans évoquer la passion toute nipponne du détail. Car pour les Japonais – et sans doute les perfectionnistes du monde entier – *« Dieu gît dans le détail »*, et donc le détail est divin[1]. À moins qu'il ne soit juste ou, plus simplement, le premier signe du professionnalisme.

Cette fabuleuse faculté des Japonais à mobiliser le détail, à l'utiliser, à le mettre en avant, participe de l'excellence commerciale japonaise. As de l'emballage, du *packaging*, ces spécialistes mondiaux de l'estampe, des mobiles et du cerf-volant sont aussi des copieurs de génie qui font mieux encore que les inventeurs – regardons l'électronique japonaise ou les voitures Toyota bourrées de gadgets et d'options – sans doute aussi grâce au détail. La valeur ajoutée du produit ou du service à la japonaise, c'est le détail (voir « Quelques services japonais… en vrac », pp. 162-166).

Impérial Hôtel toujours. Nous prenons l'ascenseur. Les chambres à l'Impérial sont particulièrement soignées : les armoires sont éclairées à l'intérieur, les toilettes-bidets (cela fait les deux au Japon) impeccables, la salle de bains remplie de tout ce qui est nécessaire et de tout ce que l'on risque d'avoir oublié (brosse à dents, peigne, lime, etc.), l'ouverture des rideaux automatique, des gâteaux en cadeau à la disposition du client. Mais ceci n'est qu'un ersatz à coloration occidentale de l'art de vivre à la japonaise. L'art du détail est ailleurs.

---

1. Phrase titre du livre de Marie Depussé, POL, 1993.

Le service personnalisé – parfois jusqu'à l'excès !

Nous prenons le *shinkansen*[1] et nous arrivons à Gora Kadan, près du mont Fuji, auberge typiquement japonaise, endroit de villégiature des hommes et des femmes, plutôt nantis, de Tokyo. L'établissement est niché sur le bord d'une route de montagne. Nous sommes accueillis par une hôtesse souriante qui nous offre un thé vert dans un recoin confortable d'un salon. Pas de bureau d'accueil. Pas question de démarche administrative ou d'argent. Juste l'accueil. La bienvenue et le thé.

Elle nous présente notre femme de chambre personnelle qui nous conduit à la chambre, une suite à la japonaise qui combine la tradition – *genkan*[2], meubles bas en bois, cloisons également en bois et en papier, portes coulissantes donnant sur un balcon-jardin, *tatamis* – et les nouvelles technologies – écran TV, chaîne hi-fi.

Celle qui ne nous quittera pas tout au long du séjour – jusqu'à l'excès – plutôt gouvernante personnelle-geisha que femme de chambre – nous aide à enfiler notre kimono qui nous servira à nous rendre... au bain (*onsen*) et au restaurant ensuite. Le bain se prend dans une source d'eau chaude naturelle au pied de la montagne. Relaxant, somptueux.

Puis c'est le dîner dans une salle à manger individuelle. Huit petits mets exquis (*sashimi*, etc.) servis par la gouvernante-geisha en personne. C'est encore à elle que l'on va régler la note et non pas au caissier-réceptionniste.

Tout est ainsi mis en scène pour que vous ayez le sentiment d'être personnellement invité par l'établissement.

---

1. TGV japonais.
2. Petit hall où l'on échange ses chaussures contre des chaussons.

Vendre sans l'intention de vendre ou la fable de l'araignée

Finalement le *business* à la japonaise relèverait du tir à l'arc, sport national et traditionnel. La relation commerciale intégrerait, comme la pratique du tir à l'arc, le zen. *« L'acte global de la tension de l'arc fut décomposé en périodes : saisir l'arc, y poser la flèche, élever l'arc, le bander, le maintenir au maximum de tension, lâcher le coup »*, écrit Eugen Herrigel dans son *Zen dans l'art chevaleresque du tir à l'arc*[1]. Il s'agit donc d'atteindre la cible. Pour l'archer occidental la cible demeure l'obsession, et, pour le vendeur, la cible, c'est le client et ce qu'il peut rapporter. Mais pour l'archer ou le vendeur japonais, pratiquant le zen, la cible est secondaire, en tout cas dans l'intention. Il ne s'agit pas de vouloir gagner pour vaincre. Il ne s'agit pas de faire pression pour viser juste. C'est ainsi qu'un maître zen explique : *« L'araignée "danse" sa toile sans savoir que des mouches viendront s'y prendre ; la mouche, elle qui va dansant dans un rayon de soleil, ignore ce qui se trouve devant elle et se prend dans cette toile. Mais, dans l'araignée comme dans la mouche, "quelque chose" danse et, dans cette danse, extérieur et intérieur sont un. Je suis incapable de m'expliquer mieux, c'est ainsi que l'archer atteint la cible sans avoir extérieurement visé. »*

Quelques services japonais... en vrac

La disponibilité des commerçants, la propreté, le goût du détail, les cadeaux, l'aide au client et le principe de confiance régissent les relations commerciales au Japon. Voici quelques exemples de services quotidiens :

---

1. Eugen Herrigel, *Le Zen dans l'art chevaleresque du tir à l'arc*, Dervy, 2002.

- Supérettes ouvertes 24 heures sur 24, 7 jours sur 7, un peu partout. On peut y acheter les produits de première nécessité, envoyer des fax ;

- Certains supermarchés d'alimentation sont ouverts tard, jusqu'à 22 h 30 ou 23 heures ;

- De nombreux magasins sont ouverts le dimanche (les grands magasins ferment en général le mercredi) ;

- Dans les magasins d'alimentation, on offre des sachets d'azote liquide, sur demande, pour garder les achats au frais ;

- Dans les pâtisseries, un sachet de glace est collé à l'intérieur de la boîte de gâteaux pour les conserver au frais ;

- Dans les grands magasins, aux heures d'ouverture et de fermeture, le personnel au complet fait une haie d'honneur pour accueillir et remercier les premiers et derniers clients ;

- Quand il pleut, de longs sachets en plastique sont mis à disposition des clients à l'entrée du magasin pour y mettre les parapluies et éviter qu'ils s'égouttent sur le sol ;

- Dans tous les restaurants, magasins, temples, il y a des consignes gratuites pour les parapluies ;

- Les toilettes – en général très propres – sont présentes dans les grands magasins et dans les magasins ayant une certaine surface (boutiques d'électronique, de vêtements, grandes librairies, etc.) ainsi que dans les stations de métro et les gares ;

- Dans les supermarchés ou les grands magasins, une deuxième personne à côté de la caissière met les achats dans les sacs en plastique ;

- On observe encore des hôtesses dans les ascenseurs à l'intérieur des grands magasins les plus luxueux (Taka-shimaya, Matsuya, Mitsukoshi) et une personne qui essuie en permanence la rampe de l'escalier mécanique ;

- Boulangeries, pâtisseries : le pain et les gâteaux sont pris avec des pinces et posés directement dans des sacs qui sont hermétiquement fermés ;

- Le rayon alimentation au sous-sol des grands magasins contient de nombreux stands ; on peut y goûter les mets ;

- Au rayon « jouets », les enfants peuvent utiliser tous les jouets en démonstration et les plus petits passer le temps dans un enclos rempli de Lego ;

- Dans les librairies, les livres achetés, même les livres de poche, sont garnis par la caissière de couvertures protège-livre et le tout est déposé dans un sachet ;

- À l'occasion d'achats de plats préparés, on donne des baguettes jetables et des serviettes dans des pochettes en plastique ;

- Il y a de nombreux distributeurs automatiques (boissons, etc.) acceptant non seulement les pièces mais aussi les billets et rendant la monnaie ;

- Une compagnie de taxis de Kyoto offre des parapluies à ses clients. Les taxis, de façon générale, ne manquent pas ; les portes des voitures et des coffres s'ouvrent automatiquement ;

- Il existe des services de livraison localisés un peu partout pour les objets, les fleurs, les boissons réfrigérées, les plats congelés (logos : petit chat noir ou cigogne portant une petite cigogne ou encore un *sumotori* tenant un baluchon) ;

- Dans les postes, on fournit des lunettes aux clients et, bien sûr, des stylos, du papier et de l'encre pour le sceau ;

- Dans les stations d'essence, le personnel est souriant, il nettoie le pare-brise, vitres et rétroviseurs, vide les cendriers de la voiture et arrête la circulation pour aider le client à repartir ;

- Dans les parkings, il y a des systèmes très pratiques de plaques rondes tournantes pour éviter les manœuvres ;

- Dans un restaurant où l'on est connu, on peut, au lieu de payer, laisser sa carte de visite et l'on reçoit la facture chez soi ;

- Le pourboire n'existe pas au Japon : ni dans les restaurants, ni dans les taxis, ni pour les livreurs ;

- Des dispositifs astucieux pour les handicapés sont mis en place : sonorisation des feux rouges, systèmes de guidage au sol, boutons en braille dans les ascenseurs ;

- Trains et métro : le voyageur est présumé innocent, honnête. Si l'on n'a pas eu le temps de prendre un billet ou si l'on n'a pas le billet correspondant à tout le trajet, on peut régulariser à la fin du voyage, à la station ou à la gare, ou encore auprès du contrôleur ;

- La confiance est à double sens : au restaurant, on donne au client un montant d'addition global et en général pas de note détaillée. Il faut faire confiance ;

- Le contrôleur salue en enlevant sa casquette avant de commencer à contrôler les voyageurs d'un wagon et à la fin, avant de sortir du wagon, même si, par ailleurs, tout le monde lui tourne le dos ;

- Le train *Haruka* qui mène à l'aéroport international d'Osaka et à Kyoto, certifié ISO 9002, est nettoyé systématiquement à chaque terminus (pour un trajet d'environ 1 h 15) par une équipe de deux personnes pour chaque wagon, simultanément. Durée totale du nettoyage : 5 minutes ;

* Les sièges sont amovibles ou basculables pour être toujours mis dans le sens de la marche du train (si on le souhaite) dans le *shinkansen* et dans le *Haruka* (et certains autres trains) ;

* Si le *shinkansen* est en retard, au-delà d'un certain nombre de minutes, et même pour cas de force majeure (typhons, etc.), le supplément super-express est remboursé ;

* Téléphone : le ton est toujours plus poli que dans la conversation normale. Si l'on téléphone à une entreprise privée, à un magasin ou a un organisme public, la première phrase est toujours : merci de votre appel. Bonjour ! Ici l'entreprise X. Je m'appelle Y…

Les huit principes de l'excellence relationnelle… à la japonaise[1]

Ce qui participe encore de la qualité du service nippon, c'est bien aussi un comportement général, une philosophie de la relation, que l'on résumera ici en huit principes :

1. Maintenir l'harmonie même si elle n'est que de façade ;

2. Dans une relation conflictuelle, les Japonais vont s'efforcer de ne pas perdre la face, ni d'ailleurs de la faire perdre à leur adversaire ;

3. Ils ressentent une aversion à s'opposer aux autres dans des conflits ouverts ;

---

1. *In* Jean-Paul Guedj et Jean-Baptiste Ferrero, *Négocier avec succès*, Éditions JPG Conseil, 1998.

4. Le sentiment d'obligation envers une personne qui vous a rendu un service peut être une motivation puissante dans le comportement des Japonais ;

5. En raison de la très forte homogénéité du peuple japonais, ils se comprennent à demi-mot et par une communication non verbale. On se satisfait sans problème des silences que personne n'est obligé de meubler ;

6. La coopération entre les membres du groupe l'emporte toujours sur la responsabilité individuelle, l'autorité, voire l'initiative ;

7. Les Japonais pensent qu'une décision basée uniquement sur la logique reflète une certaine froideur et un manque de sensibilité. Concrètement, ils seront tout à fait indifférents à notre cartésianisme, qui aura sur eux autant d'effets que les boniments d'un marchand forain ;

8. Les Japonais accordent plus de prix à l'harmonie qu'à la vérité. Ils ne vont pas s'engager dans une argumentation si cela doit conduire à créer un malaise au sein d'un groupe ou entre deux parties.

Concluons avec Eugen Herrigel[1], à propos de la technique du tir à l'arc au Japon, que l'on pourrait transposer à celle du service : *« Quand tout découle de l'oubli total de soi et du fait qu'on s'intègre à l'événement sans aucune intention propre, il convient que, sans aucune réflexion, direction ou contrôle, l'accomplissement extérieur de l'acte se déroule de lui-même. »*

---

1. *Op. cit.*

Chapitre 8

Vers « un doux commerce » et pour le retour du client

Ou… Modeste, mais sincère, tentative d'une morale de l'histoire pour aboutir à un « doux commerce » et au tant attendu retour du client

> *« Ce n'est pas l'employeur qui paie les salaires, c'est le client. »*

Henry Ford

> *« Impossible n'est rien d'autre qu'une excuse avancée par ceux qui préfèrent vivre dans le monde qui leur a été légué plutôt que de chercher en eux la force qui permettrait de le changer. L'impossible n'est pas un fait. C'est une opinion. L'impossible n'est pas une déclaration. C'est un défi. L'impossible est virtuel, circonstanciel. Impossible ne veut rien dire. Impossible is nothing »*

Adidas

Chez le psychiatre... (suite et fin) !

Lui : Alors ? Quoi de neuf ?

Moi : Je viens vous revoir parce que j'ai fait mon enquête...

Lui : Oui...

Moi : Enfin, une enquête partielle...

Lui : Toute enquête est partielle...

Moi : Vous savez... sur le sentiment d'être chose...

Lui : Oui... Votre symptôme... Vous trouvez qu'on ne vous trouve pas assez important...

Moi : Non... enfin... oui...

Lui : Narcissisme primaire... stade préœdipien...

Moi : Nous sommes nombreux dans ce cas-là !

Lui : Qui « nous » ?

Moi : Les clients... les usagers des services... en France... Il semblerait que beaucoup de monde soit mécontent...

Lui : Continuez...

Moi : On en a assez de la maltraitance commerciale... alors qu'on paie !

Lui : Angoisse d'abandon... Stade anal...

Moi : On en a assez d'être dénié...

Lui : D'être des niais...

Moi *(montrant mon front)* : Et oui ! Il n'y a pas écrit La Poste !

Lui : Et alors ? Qu'allez-vous faire ? Qu'allez-vous faire de ça ?

Moi : Un livre...

* * *

Faut-il respecter le client comme soi-même ? voilà la question. *« Le client est un prochain solvable. Or je n'ai lu dans aucun des textes fondateurs de l'humanité qu'on devait proportionner son degré de respect au degré de solvabilité du prochain »*, répond André Comte-Sponville dans son ouvrage *Le Capitalisme est-il moral ?*[1]

Le client sert l'intérêt du vendeur, et, dans l'univers du *business*, la notion de respect apparaît comme, en effet, très liée à celle d'« intérêt ». Mais celui-ci (servir à un prix fixé pour le vendeur et être bien servi en fonction de ses besoins ou de ses désirs pour le client), pouvant être considéré comme réciproque, devrait engendrer « naturellement » aussi une réciprocité du respect. Ce n'est pourtant pas le cas. Et le philosophe ajoute plus loin : *« L'homme est un animal sociable et égoïste : cette "insociable sociabilité"[2] prend la forme, presque inévitablement, soit du conflit, soit de l'échange – et l'échange dans une société bien faite, est préférable. C'est ce que Montesquieu appelait le "doux commerce" qui vaut mieux que la guerre. »*

Voilà donc posée l'alternative des relations humaines que l'on appliquera ici aux relations commerciales, et plus singulièrement aux relations de service : la guerre entre le client et le vendeur ou la paix, au moins formelle, et même si celle-ci, ne soyons pas angéliques, n'est jamais dénuée de tensions possibles liées précisément à la question des intérêts. Il en est de même, mais dans une moindre mesure car la notion d'intérêt y est plus relative, du rapport usager-administration.

Aussi nous pointerons dans ce dernier chapitre les dix attitudes de service récurrentes problématiques – susceptibles de déclencher la guerre – et celles que nous proposons en

---

1. André Comte-Sponville, *Le Capitalisme est-il moral ?* Albin Michel, 2004.
2. Formule de Kant.

contrepoint, pour que l'échange commercial ou de service devienne en effet, et peut-être enfin, un « doux commerce ».

Les dix attitudes de non-service

La réification

La réification – ou la « chosification » – qui consiste à considérer une personne comme un objet – ou à ne le voir que comme un objet de profit possible ou de « service obligé » – est certainement, aujourd'hui, l'attitude commerciale ou de service la plus répandue dans notre société, et la plus pénible à vivre pour le consommateur-client-usager. Ne pas écouter le client est une chose (à ne pas faire) mais ne pas le voir est encore pire.

Les usagers des hôpitaux sont parfois victimes de la « réification ». Les personnes âgées ont moins souffert au cours de l'été 2003 de la canicule que d'une tragique « réification », d'un comportement aveugle des pouvoirs publics, et parfois des personnels. On ne les a pas considérées comme des personnes, mais au mieux comme des pathologies virtuelles ou en cours, au pire comme des « lits » à gérer.

Les personnes sans ressources – au sens large et notamment psychologique – sont plus démunies que d'autres, face à l'absence de considération et de respect à leur égard. Mais elles ne sont pas les seules.

Globalement, les clients de services, des banques, des entreprises de distribution, des abonnés du câble et de l'Internet, des petits commerçants, que ce soit dans l'achat ou, et surtout, dans l'après-achat, éprouvent et font la critique, au quotidien, de cette attitude de non-respect, à l'encontre de la personne humaine.

L'agressivité

Dans l'air du temps, l'agressivité, tel un virus, se répand. Elle est souvent, et de plus en plus, sans raison apparente ou en disproportion avec la raison éventuelle qui la motive. Elle demeure une surprise pour qui la subit. Dans la société, elle s'exprime surtout au-delà des rôles classiquement établis : les enfants rois sont agressifs avec leurs parents ou leurs professeurs, les commerçants le sont désormais avec leurs clients. En cela, elle participe au brouillage des repères fondamentaux qui ont longtemps contribué à la coexistence des uns avec les autres.

Est-elle, dans les entreprises, un signe d'angoisse – l'agressivité est toujours un signe d'angoisse – lié aux dysfonctionnements multiples des organisations postmodernes : sous-effectifs, bas salaires, management de la productivité par la pression.

Du chauffeur de taxi agressif jusqu'au passage à l'acte violent, du médecin qui vous réprimande avant de vous soigner, du technicien d'après-vente qui ne part de chez vous que s'il a obtenu son chèque, du téléopérateur qui vous indique que vous êtes très long à comprendre des choses évidentes, du vendeur de grand magasin qui vous éconduit parce vous le dérangez dans ses rêveries… l'agressivité est en nette expansion. Les rapports clients-fournisseurs prennent des allures de ring.

Du mythe positif de la relation commerciale « gagnant-gagnant », on est passé à la relation « baston ». Quand ce n'est pas l'attitude condescendante, moralisatrice ou de mépris pur et simple que l'on constate trop souvent à l'égard du public, chez ceux qui dispensent des services.

Il va de soi que l'agressivité, si elle est un symptôme d'une vaste dépression sociétale, est aussi une interaction : s'il existe des vendeurs agressifs, ils sont en relation spéculaire avec des clients ou des usagers qui le sont aussi.

Le problème, c'est que la norme d'usage, les mœurs traditionnelles, le bon sens commercial inviteraient plutôt les premiers à gérer avec sang-froid l'agressivité des seconds et non l'inverse.

La non-fiabilité

Dans l'air du temps encore, on observe le syndrome du « je vous rappellerai plus tard » qui se transforme en « jamais ».

On attend toujours le courrier du responsable technique de l'après-vente, le coup de fil du service des réclamations qui devait répondre sous quarante-huit heures, la ligne Internet haut débit qui devait refonctionner au bout de soixante-douze heures, le devis qui devait arriver dans la journée, le livreur qui devait venir en début d'après-midi, la venue de celui qui vous dit « je viendrais vous voir bientôt », la réponse « dans les vingt-quatre heures ».

Et lorsqu'on vous dit « rappelez-moi », vous savez que vous entreprenez alors une aventure sans fin. Vous appelez : personne. Vous rappelez et vous laissez un message pour qu'on vous rappelle. Etc. Vous envoyez un courrier électronique. Celui à qui vous rappelez que vous avez envoyé un e-mail vous répond alors, hagard : « De quel mail parlez-vous ? »

On est éloigné du précepte samouraï : « Toujours tenir sa parole même si on l'a donnée à un chien. » La parole devient de plus en plus suspecte de ne pas être tenue. La réactivité des services est plutôt une réactivité de *bluff* plutôt que de fait. Celui qui fournit le service devient alors Godot[1].

On l'attend toujours.

Le syndrome du « singe »

Kenneth Blanchard, auteur du fameux *Les Singes et le Manager*[2], a inventé, avec William Oncken, le concept managérial du « singe ». Le singe est cet animal rusé et souple qui sait très bien se déplacer, de branche en branche, d'une épaule d'homme à une autre épaule d'homme. Blanchard évoque, par cette métaphore, la notion de responsabilité et ses déplacements manipulatoires et pernicieux possibles chez les hommes.

Ainsi, souvent dans les entreprises, et pour le client, personne ne s'avère responsable. On réserve un hôtel et l'on voudrait modifier la date. On a déjà versé des arrhes. À qui s'adresser au téléphone ? « Au responsable des réservations », précise-t-on au standard. « Je vous le passe », annonce-t-on prétentieusement. « Ah ! le responsable en question est absent », ajoute-t-on quelques secondes plus tard piteusement. Il faut donc rappeler ultérieurement son collaborateur, qui lui, pour l'instant, est en entretien. On rappelle quelque temps après. Le collaborateur en question vous demande de raconter une nouvelle fois votre affaire. Une fois que vous avez tout raconté, il vous dit, sans excuses, qu'il ne peut rien faire, vu qu'il ne connaît pas le dossier. Vous demandez à parler alors au directeur. Il est en « déplacement ». L'entreprise à laquelle vous vous adressez

---

1. Allusion à *En attendant Godot* (1953) de Samuel Beckett.
2. Kenneth Blanchard, *Les Singes et le Manager*, InterÉditions, 1990.

se révèle alors fantoche et les responsables fantômes. Il n'y a personne pour vous répondre. Le phénomène bureaucratique se définit, de la même manière, par la dilution des responsabilités.

L'absence de curiosité

On a toujours l'impression aujourd'hui, lorsque l'on est client ou usager, de déranger par nos questions. La question prend du temps : il faut la comprendre, l'analyser, y répondre. Alors les professionnels préfèrent l'action rapide à la communication, potentiellement complexe. Mais ce n'est pas sans effets pervers.

Le médecin va se contenter du premier symptôme apparent pour désigner la maladie qui se révélera en être une autre. Le banquier va se contenter d'une appréciation rapide de son client, à partir de sa fiche de paie et de quelques questions succinctes sur son patrimoine, pour accorder ou refuser – ce qui est plus souvent le cas – un crédit, alors que ce dernier n'a pas encore évoqué le projet qui va lui rapporter, dans quelque temps, une fortune. L'agent immobilier ne va pas prendre le temps, qui est de l'argent comme on le sait, d'écouter la demande de son client et va lui faire des propositions qui, finalement, ne lui conviendront pas. Le technicien de maintenance informatique va tout de suite manipuler l'ordinateur plutôt que d'interroger patiemment l'utilisateur sur la panne.

« Faire plutôt qu'écouter » semble être la devise du service aujourd'hui.

L'inadaptation aux situations imprévues

On a souvent le sentiment que les professionnels du service découvrent avec torpeur les demandes des clients ou des usagers. Il y a, chez eux comme une horreur de l'imprévu, de l'inédit, du « hors cadre », de la question, comme on l'a vu. Ils semblent préférer la répétition des tâches, et surtout les tâches programmées, qui doivent tant les rassurer. Le client s'inscrit ainsi, comme une fiche, dans le cadre des réponses prévues.

Lorsqu'on demande à ce maître d'hôtel un changement de garniture pour le plat commandé – des petits pois, par exemple, à la place des frites –, son premier réflexe est de faire la moue puis de dire « Non… mais… » Il peut vous expliquer alors ensuite, après mûre réflexion, que « c'est possible moyennant un supplément mais qu'il va demander quand même à la cuisine si c'est possible ». On a l'impression à ce moment-là d'avoir demandé la lune à défaut de petits pois.

Lorsqu'on sollicite un téléopérateur bancaire pour un conseil sur les caractéristiques précises du PEA[1], on éprouve alors le sentiment que son univers mental est soudain totalement déstabilisé. Cette question n'était pas prévue. Il vous bredouille, après un silence interminable et gêné, qu'il faudrait, pour avoir la réponse, contacter le chargé de clientèle. Le client devrait s'excuser d'avoir posé la question.

L'ignorance de sa propre entreprise

À la question : « Est-ce que vous faites aussi ceci ou cela ? », nombre de professionnels lèvent les yeux au ciel en avouant qu'ils n'en savent rien. Est-ce que vous faites du pâté de tête ? il faut que je me renseigne ! Comment fonctionne le forfait de maintenance ? il faut que je me renseigne ! Est-ce que je peux obtenir un prix si j'achète dix

---

1. Plan d'épargne en actions.

ordinateurs et trois imprimantes ? il faut que je me renseigne ! Quand commencent les promotions ? il faut que je me renseigne ! À quel moment s'effectue la livraison ? il faut que je me renseigne !

Voici les réponses que l'on entend couramment et qui signalent que l'on offre étroitement le service que l'on connaît, mais surtout pas celui du collègue. Chacun se cantonne dans son rôle, dans son service, dans son métier sans avoir ni la vision, ni la culture de l'entreprise globale et de son activité.

On constate ainsi que l'information à l'intérieur des entreprises reste en surface et que les organisations se révèlent bien tayloriennes : « la vente » est séparée de « l'aprèsvente » et l'ignore ; « la production » est « ailleurs » ; « le management » – même celui qui est dit « de proximité » – est invisible, en tout cas du client. Chercher un responsable ? Il n'y en a plus !

La confusion des registres

La distance, marque du respect, est une donnée importante de la relation de service et, de façon plus large, de l'attitude professionnelle.

Le banquier, même s'il peut, et parfois doit, questionner la vie privée de ses clients – ressources financières, régime matrimonial, situation de l'époux ou de l'épouse, nombre d'enfants à charge – ne devrait pas, éthiquement, dépasser les limites professionnelles. On peut pourtant voir ici et là des dérapages comme celui de ce banquier délivrant une leçon de morale : « Il ne faut pas s'endetter quand on n'a pas les moyens », occultant, par la même occasion, sa responsabilité dans l'endettement en question.

Autre exemple : le médecin qui admoneste son patient sur sa résistance à guérir. Il semble penser « que ce dernier a fait exprès de tomber malade » ! Ou encore ce maître d'hôtel qui, parce que vous, client, avez osé une plaisanterie, va vous la rendre en boomerang, par une plaisanterie moins fine, réduisant brutalement ainsi la distance nécessaire entre vous et lui, dans une sorte de république d'égalité, grossière et mal comprise.

Le brouillage des rôles

Les rôles traditionnels, on le sait, depuis quelques années se sont largement modifiés. Les hommes et les femmes dans le couple n'occupent plus la même place, n'investissent plus les mêmes rôles et ont désormais des comportements sociaux qui se ressemblent. La relation aux enfants elle aussi a changé, vers plus d'écoute mais aussi plus de négociation : l'attitude d'autorité n'est ainsi plus tout à fait la même, pour le moins, que par le passé.

Les relations hiérarchiques dans l'entreprise ont également évolué vers plus de concertation. Et le rapport au client aussi. Peut-être trop. Jusqu'à devenir parfois « illisible ». La bizarrerie, c'est qu'on fait désormais travailler le client. C'est aujourd'hui une pratique extrêmement répandue. Vous voulez un service, vous allez le payer, certes, mais en plus, vous allez « travailler » pour l'obtenir !

La caricature de ce dernier phénomène s'observe chez les taxis parisiens, même si le phénomène est répandu dans d'autres professions et qu'il devient une « tactique » de management manipulatoire du client – le professionnel délègue son travail ou partie à son client – par trop visible. Le taxi vous demande désormais systématiquement l'itinéraire que vous voulez prendre pour vous rendre à votre destination. Alors que vous voulez utiliser « ce service public de

177

droit privé » pour « être servi », on vous demande alors de trouver l'itinéraire – et éventuellement de le dicter – à des professionnels avertis, dont c'est le métier, sous le prétexte fallacieux que « le client peut avoir un itinéraire préféré ».

L'esprit « court-termiste »

Jamais le *business* n'a été aussi à court terme. On remarque que les commerçants, les fournisseurs veulent obtenir leur gain le plus rapidement possible, sans souci de préserver ou fidéliser le client. Ce qui produit évidemment un certain nombre d'effets pervers dans le service fourni, et donc de dysfonctionnements relationnels avec le client.

Cette impression d'« empressement » à servir, cette « impatience » comportementale des fournisseurs de services, dénote une préoccupation de « gain rapide » qui est à l'inverse de l'état d'esprit du client, qui, lui, veut prendre son temps pour acheter. La relation de service est aujourd'hui expédiée. Le client a souvent l'impression de déranger. On ne le « soigne » plus.

On lui demande beaucoup dans la coopération et on s'irrite quand il manque de « compétence » : il doit être précis dans sa demande, calme dans la relation, compréhensif des phénomènes internes de l'entreprise-fournisseur, peu questionneur. On le presse encore à payer vite et *cash*. Relation inversée donc : le client n'a pas le droit à l'erreur.

Aujourd'hui, c'est le client qui doit se préparer à acheter car acheter n'est plus évident. C'est un travail et souvent une lutte. Car dans cet empressement généralisé, dans cet esprit de « business court-termiste », les tentations d'arnaque sont grandes.

Les dix attitudes de service

Considérer le client

« Nous sommes plus jaloux de la considération des autres que de leur estime », écrivait Marivaux[1]. En effet, les clients veulent être considérés, plus encore qu'estimés ou aimés. La première revendication des personnels d'entreprise n'est pas le salaire, qui n'en est que le signe : c'est la considération.

De la même manière, la première des attentes du client, c'est cette même considération. On retourne dans un restaurant pas seulement pour le « produit », c'est-à-dire la carte ou le cadre, mais aussi parce qu'on y a été bien reçu. On vient de très loin chez ce tailleur parce qu'on y est recommandé. On accepte de payer plus cher ce service parce que le prestataire nous a écoutés.

Le mépris entraîne le mépris. S'il est un mode de management des entreprises dans la gestion des personnels, il entraîne, par ricochet, celui du client.

Quelques signes majeurs de considération attendus par le client : des marques de politesse, l'écoute attentive et patiente, la personnalisation de la relation, la parole tenue, la mémoire de la « relation-client ».

Établir une « bonne distance »

La « bonne distance » est professionnelle. La « mauvaise » ne l'est pas. Comment l'évaluer ? Quel en est le paramétrage ? Ni trop près, ni trop loin. Mais surtout « ailleurs », si l'on peut dire, dans une relation où, s'il y avait un observateur, à l'œil nu, le fournisseur et le client ne pourraient être confondus.

---

1. Marivaux, *La Vie de Marianne*, Flammarion, 1990.

L'humeur du professionnel du service devrait être ainsi « contrôlée », voire bannie. Dans les coulisses et au vestiaire : l'agressivité, la familiarité, l'excès d'affectivité, l'impatience, la colère. Comme les acteurs, les professionnels doivent être sans humeur. Ils jouent des rôles avec talent sans pour autant adhérer – au sens de la colle – au rôle qu'ils jouent. Sérieux, ils ne se prennent pas trop au sérieux. Seule, la distance qu'ils ont avec eux-mêmes peut produire la « bonne distance » avec le client.

Confucius décrit ainsi l'homme de qualité[1] : « *Il est trois choses qui ont du prix aux yeux de l'homme de qualité : bannir toute morgue de ses attitudes ; garder une expression du visage qui inspire la confiance ; observer dans son langage un ton qui exclut vulgarité et mensonge.* » Ce pourrait être aussi la définition de « l'homme de service ».

Quelques signes majeurs de la bonne distance attendus par le client : des marques de politesse, le vouvoiement, un humour léger et de détente, une distance « physique » et « psychologique », le contrôle de ses émotions, une écoute attentive et pertinemment sélective, des arguments et une attitude justes, en matière de service, en relation avec ce qui a été « entendu ».

Être fiable

La fiabilité, c'est faire ce que l'on dit. C'est la sœur jumelle de la confiance. Elle autorise la relation de service. Elle permet la relation tout court en réduisant les tensions et les rapports de forces. Il faut, bien sûr, qu'elle soit réciproque. Ce pourrait être la devise – et l'axe de progrès majeur – d'un grand nombre d'entreprises.

---

1. Confucius, *Entretiens avec ses disciples*, GF Flammarion, 1994.

Quelques exemples : fournir les marchandises – et toutes les marchandises – commandées en temps et en heure, faire un devis en 48 heures tel qu'on l'avait promis au client, prévenir (sans être relancé) qu'il y a un « trop payé » dans le règlement d'une facture, rappeler le client qui a laissé un message, tenir ses rendez-vous, respecter les contrats. La fiabilité, c'est encore respecter le client dans le produit ou le service qu'on lui propose : traçabilité, qualité, transparence des informations, prix juste.

Montaigne[1] avait raison : *« Le mentir est un maudit vice. Nous ne sommes hommes et ne nous tenons les uns aux autres que par la parole. »*

Quelques signes majeurs de la fiabilité dans le service : la transparence dans l'information concernant les produits, l'adéquation entre ce qui a été promis et ce qui a été réalisé, l'aptitude à l'excuse et à la réparation en cas d'erreur, le rappel téléphonique dans les quarante-huit heures (maximum) qui fait suite à un appel, la réponse systématique aux courriers.

Développer l'esprit de responsabilité

L'origine du mot « responsable » vient du latin *respondere*, « répondre », au sens de « qui doit répondre de ses actes ». La première attitude responsable, si on s'en tient à l'étymologie, est bien donc de répondre. On observe aujourd'hui que personne ne répond à rien, ni de rien.

Bien entendu, lorsqu'on est professionnel du service, pour une série de raisons, par ailleurs compréhensibles, on peut ne pas avoir immédiatement la réponse : parce qu'on n'est pas décideur, parce que la réponse nécessite réflexion et

---

1. Montaigne, *Essais*, 1580.

recul ou tout simplement parce qu'on n'a pas la réponse, « on ne sait pas ». Quel est le tarif d'une double chambre communicante ? Peut-on avoir un rendez-vous dans la semaine ? Quel est le taux actuel de crédit adossé à un plan d'épargne logement ? Peut-on accorder un crédit immobilier sur dix ans ? À chaque question, il y a une réponse appropriée, pertinente et qui engage celui qui répond.

Parfois aussi, il faut prendre le temps de la réflexion pour répondre. Alors il vaut mieux dire « je vous répondrai dans tel délai », « je ne peux pas vous répondre pour le moment, rappelez s'il vous plaît dans deux jours » que d'occulter la question en la « zappant » par une tactique manipulatoire visible ou en répondant à côté dans le même esprit. Il faut sans doute aussi oser dire « oui » ou « non ».

Quelques signes majeurs de l'esprit de responsabilité dans le service : avoir une réponse quelle qu'elle soit à une question posée (même si c'est pour répondre qu'on ne peut pas répondre pour le moment), prendre le risque de s'engager dans une réponse, montrer un esprit de solidarité d'équipe en évitant la piteuse formule : « Je ne sais pas, ça dépend de mon collègue qui n'est pas là aujourd'hui ! » Ou la honteuse : « C'est pas ma faute, c'est la faute à mon collègue qui n'est pas là ! »

Être curieux

La curiosité n'est pas un vilain défaut pour le personnel de service. Tout vendeur sait que c'est par la curiosité, par un questionnement habile qu'il arrivera à vendre le produit en adéquation avec le besoin du client. Mais dans le service, la curiosité va au-delà de la vente. S'enquérir de la santé d'un patient à l'intérieur de l'hôpital au-delà de la démarche formelle, du bien-être d'un client dans un hôtel, de la situation patrimoniale de tel client de banque relève du bon réflexe professionnel.

La curiosité dans le service s'applique en amont, pendant et en aval de la prestation. Pour cela, il faut questionner sans interroger, s'intéresser à la personne sans tomber dans l'indiscrétion ou l'agression, chercher ce qui est utile sans être désagréable. C'est donc tout un art.

Mais il faut, en outre, pour ce faire, ressentir en soi un élan vers l'autre qui pousse à le considérer avec une sympathie *a priori*, une forme de bienveillance première qui n'empêche pas la lucidité.

Quelques signes majeurs de curiosité dans le service : un intérêt envers le client, marqué par un questionnement doux et une écoute attentive.

S'adapter

Bernard Shaw observait : *« L'homme qui est raisonnable s'adapte au monde ; celui qui ne l'est pas essaie d'adapter le monde à lui-même. »* Et il ajoutait avec humour : *« C'est pourquoi tout progrès dépend de ce dernier. »* Le problème aujourd'hui, c'est que le professionnel du service essaie de plus en plus d'adapter le monde à lui, sans pour autant provoquer le progrès. S'adapter, c'est prendre en compte « le client tel qui est » et non « tel qu'il devrait être », avec ses besoins, sa demande qui ne correspond pas toujours à ses besoins, et parfois ses humeurs.

Nombre de personnes travaillant dans le service rétorquent que les clients ne savent pas ce qu'ils veulent, qu'ils demandent l'impossible, qu'ils souhaitent des produits ou des services qui sont hors des objectifs et du cadre fixés par l'entreprise. Mais l'esprit de service, c'est de privilégier le client par rapport aux objectifs de l'entreprise, quitte à y revenir par un autre biais. Capter une clientèle et la fidéliser, c'est d'abord la satisfaire.

La valeur « client » est donc plus importante que la valeur « produit ». Il faudrait bien renverser les stratégies de management commercial et de marketing des entreprises : le client, c'est la finalité, le sens, la raison d'être de l'entreprise.

Quelques signes majeurs du sens de l'adaptation dans le service : ne pas montrer « la hagarde surprise » lorsque le client pose une question « hors cadre », transformer la question « hors cadre » en opportunité de dialogue et de développement commercial.

Savoir qui l'on est

On est parfois stupéfait par la limitation du cadre « culturel » des personnes qui s'occupent de services. Posséder la culture de l'entreprise dans laquelle on travaille, son histoire, ses métiers, ses produits, ses axes d'excellence, ses clients semble être quelquefois le dernier des soucis des hommes et femmes du service. On a l'impression que le salarié est cantonné dans sa minuscule case de l'organigramme et qu'il ignore parfaitement les services d'à côté. Ce qui donne au client une impression irritée de non-cohésion des entreprises.

Mais même pour ce qui concerne son propre champ de compétence, le cadre mental du professionnel du service semble souvent limité. Le vendeur ne connaît que la fiche-produit avec ses six arguments de vente, le technicien d'après-vente les dix pannes récurrentes du produit vendu. S'il advient que le client pose la « question hors fiche », c'est alors, pour lui, la déstabilisation assurée.

On peut donc s'interroger légitimement sur la formation des personnels de service. Au lieu de les former exclusivement à des argumentaires de vente, des techniques de réparation de produits ou encore à des techniques comportementales plus ou moins behaviouristes d'accueil ou de communication, il ne serait sans doute pas inutile de les former à la culture de leur entreprise et, osons le mot, à la culture tout court.

Quelques signes majeurs de l'acquisition d'une bonne culture dans le service : répondre avec intelligence et ouverture aux questions des clients, expliciter au client son raisonnement en termes simples et intelligibles, renvoyer éventuellement à des collègues en connaissant parfaitement les compétences de chaque service.

Rester à sa place

Rester dans le registre professionnel, c'est éviter la confusion des genres. Il devrait y avoir, si on voulait être brutal, des interdictions nettes dans la gestion de la relation de service : l'agressivité, l'humour déplacé, la familiarité, l'usage de la morale. *« Un homme de qualité ne songe pas à sortir du domaine de ses attributions »*, confirme Confucius[1].

À l'inverse le registre professionnel serait donc : la bonne distance (pas de fusion « affective » avec le client ni de froideur dédaigneuse), un humour de détente (et non pas la plaisanterie graveleuse ou l'ironie caustique), un respect formel de la personne, marqué par des signes de politesse, l'exclusivité du registre professionnel dans les arguments et le discours. Le médecin ne parlerait ainsi que – en évitant cependant l'écueil de la rigidité et de la crispation – de

---

1. *Op. cit.*

médecine (et non pas de psychanalyse improvisée), l'hôte-lier d'hôtellerie (et non pas de relations sociales), le ban-quier de banque (et non pas de philosophie morale), etc.

À méditer encore la maxime de La Rochefoucauld : *« La véritable éloquence consiste à dire tout ce qu'il faut, et à en dire que ce qu'il faut. »*[1]

Quelques signes majeurs du registre professionnel : rester – et « exceller » – dans son domaine de compétence, distance marquée et élégante envers le client, « écarts » de conversa-tion contrôlés, humour léger.

Des droits et des devoirs

La distance professionnelle, c'est comprendre le « casting », distinguer chaque acteur dans son rôle. Être client ou usa-ger, c'est un rôle. Professionnel du service, c'en est un autre. Le premier a des droits et des devoirs, comme le second. Le droit du premier, c'est d'être « servi » en échange d'une somme d'argent. Son devoir, c'est de collaborer à la vente du produit ou du service ; c'est de ne pas obstruer la vente, ne serait-ce que pour son propre intérêt d'acheteur. C'est aussi de payer ce qu'il doit et de respecter, autant que faire se peut, la culture et les règles de l'entreprise-fournis-seur autant que le fournisseur lui-même, dans sa personne. Le droit du second, c'est d'exiger du client, en échange du service rendu, un émolument et une attitude de coopéra-tion. Son devoir, c'est de fournir le service promis mais aussi de respecter le client dans sa personne.

Mais on peut aussi, et au-delà des droits et des devoirs, évo-quer l'usage. L'usage veut que le fournisseur, parce qu'on le paie, parce qu'il est « au service de », adopte une attitude,

---

1. La Rochefoucauld, *Réflexions ou Sentences et Maximes morales*, 1664.

non pas de subordination, mais de respect formel appuyé et courtois envers le client. L'usage et la tradition – bien malmenés dans cette période où l'on décapite volontiers les rois-clients – invitent donc à un comportement asymétrique bien compris – règle du jeu tacite – par les deux parties.

Quelques signes majeurs du respect des rôles de chacun dans le service : courtoisie appuyée envers le client, « être au service de », travailler et non pas faire travailler le client, mettre de côté ses humeurs, tolérer celles du client quand elles ne mettent pas en question la dignité de chacun.

L'esprit dans les affaires

Il n'y a pas d'affaires sans esprit. C'est ce qui manque parfois aux affaires. L'esprit des affaires, c'est avant tout un désir et un plaisir réels de la rencontre. Un goût sincère de la communication. Une attraction authentique vers l'autre. Le client. Et cette rencontre, c'est pour lui rendre service. C'est cette motivation fondamentale qui semble manquer parfois aux professionnels qui accomplissent ce métier quelquefois par défaut, alors que celui-ci nécessite une véritable vocation psychologique et éthique et des qualités personnelles considérables.

L'intérêt dans les affaires, et notamment dans le service, y est, somme toute, presque secondaire. Bien sûr le prestataire fournit un service en échange d'un paiement. L'usager du service public contribue indirectement à financer le service qu'il utilise. Le fournisseur de services, privé ou d'État, met en vente des services qui coûtent et dont il faut assurer la qualité pérenne et le retour sur investissement.

L'univers est bien celui du capitalisme. Mais le service n'est pas un produit. Il est une valeur ajoutée au produit qui le rend plus performant, plus compétitif, ou il est vendu, et de plus en plus, pour ce qu'il est. La mode est ainsi au service tous azimuts alors que la société est de plus en plus « moralement » dans le non-service. Moins on s'entraide naturellement – c'est le cas de notre société qui n'a jamais été aussi individualiste –, plus on a besoin, semble-t-il, de services. « Rendre service », cette valeur fondatrice du judéo-christianisme, est devenu précaire.

Retenons ces propos de Confucius[1] sur l'esprit des affaires et sur la philosophie générale du service : *« Pas de précipitation ; ne prends pas en considération les petits avantages. Qui veut hâter les choses, n'atteint pas son but. Ne voir que petits profits ne permet pas d'aboutir dans les grandes affaires. »* Confucius serait-il ici d'arrière-garde ou toujours d'avant-garde ?

Et puis les propos d'Henry Ford : *« L'homme qui met tout son travail et toute son imagination à offrir le plus pour un dollar, plutôt que le moins, est condamné à réussir. »* Faire évoluer dans ce sens l'esprit des affaires ? Instiller de l'esprit dans les affaires ? Mais est-ce encore possible ?

Impossible is nothing.

---

1. *Op. cit.*

Formules et bonnes manières pour améliorer le service...

1. Considérer le client

Des marques de politesse

Bonjour, au revoir, merci !

Comment allez-vous ?

L'écoute attentive et patiente

Je vous écoute…

Silence…

La personnalisation de la relation

Bonjour, Monsieur Dupond !

La parole tenue

Ce qui est promis est dû.

La mémoire de la « relation-client »

Comme je vous l'avais dit (ou vous me l'aviez dit) la dernière fois…

2. Établir une « bonne distance »

Des marques de politesse

> Bonjour, Monsieur…
> Que puis-je faire pour vous ?

Le vouvoiement

> À votre service !

Un humour léger et de détente

> Quel bon vent vous amène ?

Une distance « physique » et « psychologique »

> Pouvoir regarder l'ensemble de la silhouette de l'interlocuteur…

Le contrôle de ses émotions

> Je vous écoute, Monsieur…

Une écoute attentive et pertinemment sélective

> Pouvez-vous préciser votre demande ?

**Des arguments et une attitude justes, en matière de service,
en relation avec ce qui a été « entendu »**

> Voici ce qu'il vous faut…

3. Être fiable

La transparence dans l'information concernant les produits

> Origine du produit, traçabilité, date limite de consommation, numéro vert pour les consommateurs...

L'adéquation entre ce qui a été promis et ce qui a été réalisé

> Produit correspondant à la commande, tenue des délais de livraison...

L'aptitude à l'excuse et à la réparation en cas d'erreur

> Veuillez nous excuser...
>
> Nous avons fait une erreur...
>
> Autant pour nous...
>
> Dans ce cas, nous vous offrons en dédommagement...

Le rappel téléphonique dans les quarante-huit heures (maximum) qui fait suite à un appel

> Comme convenu, nous vous rappelons...

La réponse systématique aux courriers

> Nous répondons à votre courrier du...

4. Développer l'esprit de responsabilité

Avoir une réponse « quelle qu'elle soit » à une question posée

Je ne peux pas vous répondre dans l'instant, mais je vais me renseigner et vous aurez une réponse dans les meilleurs délais !

Prendre le risque de s'engager dans une réponse

Oui/non.

D'accord.

Dans trois jours.

Jeudi 8 à 11 heures.

Montrer un esprit de solidarité d'équipe en évitant la piteuse formule : « Je ne sais pas, ça dépend de mon collègue qui n'est pas là aujourd'hui ! » Ou la honteuse : « C'est pas ma faute, c'est la faute à mon collègue qui n'est pas là ! »

Nous allons prendre en compte votre réclamation pour que vous ayez satisfaction…

<table>
<tr><td colspan="1" align="center">5. Être curieux</td></tr>
</table>

Un intérêt envers le client, marqué par un questionnement doux et une écoute attentive

> Je vous entends…
>
> Je vous comprends…
>
> Comment puis-je vous être utile ? Comment peut-on vous aider ?
>
> Ah ?
>
> Si je vous ai bien compris…
>
> Vous avez donc besoin de…
>
> En êtes-vous bien sûr ?
>
> Précisez, s'il vous plaît, votre demande…
>
> Vous êtes donc prêt à…

<table>
<tr><td colspan="1" align="center">6. S'adapter</td></tr>
</table>

Ne pas montrer « la hagarde surprise » lorsque le client pose une question « hors cadre »

> Je comprends bien votre demande, je vais tout faire pour essayer d'y répondre.
>
> Que souhaitez-vous exactement ?

Transformer la question « hors cadre » en opportunité de dialogue et de développement commercial

> Connaissez-vous par ailleurs notre nouvelle formule…
>
> Vous ne savez peut-être pas que, moyennant un tarif spécifique, nous pouvons vous offrir un service à la carte…
>
> Allons plus loin dans votre demande…

7. Savoir qui l'on est

Répondre avec intelligence et ouverture aux questions des clients

> Nous avons ce qu'il vous faut et je vais vous expliquer pourquoi…
>
> Nous n'avons pas précisément ce que vous nous demandez mais nous pouvons vous offrir un service équivalent.

Expliciter au client son raisonnement en termes simples et intelligibles

> Je vais vous expliquer le fonctionnement de cet appareil… N'hésitez pas à poser toutes les questions…
>
> Nous pouvons venir vous réparer cet appareil dans cinq jours car il nous faut commander la pièce qui manque…
>
> Vous devez vous rendre d'abord à la caisse n° 4 pour retirer ensuite votre achat au service retrait d'achats

Renvoyer éventuellement à des collègues en connaissant parfaitement les compétences de chaque service

> Je vais vous donner la carte de visite de Mme Martin, notre chargée de clientèle patrimoniale…
>
> Notre atelier de réparation de vélos, dont vous connaissez sans doute la réputation, vous attend en cas de panne… que, par ailleurs, nous ne vous souhaitons pas !

8. Rester à sa place

Rester – et « exceller » – dans son domaine de compétence

> Être compétent, efficace, être « heureux » dans son métier, le montrer !

Distance marquée et élégante envers le client

> Penser à la « courbette » japonaise !

Humour léger

> Monsieur est très élégant aujourd'hui…
>
> *In vino véritas*, Monsieur… dit le maître d'hôtel.

9. Des droits et des devoirs

Courtoisie appuyée envers le client

> Oui, Monsieur !
>
> Bien, Monsieur !
>
> À votre service !

« Être au service de » (travailler et non pas faire travailler le client), mettre de côté ses humeurs, tolérer (jusqu'à un point évidemment « acceptable », c'est-à-dire digne pour les deux parties) celles du client

> Être à la fois « chaleureux » dans l'expression et en même temps plutôt « froid » (capable de distance) dans la relation.
>
> Éviter les rapports de forces et les conflits, les comprendre, les identifier, les maîtriser.

10. L'esprit dans les affaires

Le plaisir de la rencontre

> Ravi de faire votre connaissance…
>
> C'est un plaisir de vous rencontrer…
>
> Je suis très heureux de vous revoir…
>
> Merci d'être venu jusqu'à nous…

Rendre service

> Nous sommes là pour vous être utiles…
>
> Comment peut-on vous aider ?
>
> Nous vous écoutons…
>
> Nous sommes à votre service…

Faire des affaires

> Nous allons nous entendre…
>
> Au plaisir de vous revoir !
>
> Revoyons-nous !